Willers

Limited oder Unternehmergesellschaft

Für meine Eltern und Big Fritz

Wer mit einer Gesellschaft mit beschränkter Haftung, gleich welchen Rechts, Geschäfte abschließt, ohne zugleich für ausreichende Sicherheiten zu sorgen, sollte nicht klagen, sondern Schuld und Verantwortung bei sich selbst suchen, oder, wie es das House of Lords in der berühmten Entscheidung Salomon v. Salomon im Jahre 1897 entschieden hat, „he has only himself to blame".

(Volker G. Heinz; Rechtsanwalt und Notar, Berlin Barrister at Law und Scrivener Notary, London)

Lasse Willers

Limited oder Unternehmergesellschaft

Kompaktwissen für die Praxis

Verlag Personal, Recht, Management Ltd.

Bibliographische Information der deutschen Nationalbibliothek
Die Deutsche Nationalbibliothek verzeichnet diese Publikation in der Deutschen Nationalbibliographie; detaillierte bibliographische Daten sind im Internet über http://dnb.d-nb.de abrufbar.

Niederlassung Deutschland: Lindlaustr. 2a, 53842 Troisdorf

Umschlagskonzeption: Verlag Personal, Recht, Management Ltd.
Titelbild: © www.fotolia.de
Satz: Verlag Personal, Recht, Management Ltd.
Druck: Books on Demand GmbH, Norderstedt
Printed in Germany, Mai 2009

ISBN 978-3-941388-23-9

Vorwort

Seit den Urteilen „Centros“, „Überseering“ und „Inspire Art“ des Europäischen Gerichtshofes zur Niederlassungsfreiheit, sowie der Sitz- und Gründungstheorie, herrscht in Deutschland ein enormer Wettbewerb zwischen den nationalen und internationalen Rechtsformen bei der Neugründung von Unternehmen mit Haftungsbeschränkung. Wie man in den letzten Jahren beobachten konnte, hat die britische Private Company Limited by Shares, kurz Ltd. oder auch Limited, einen enormen Marktzuwachs erzielen können (Stand 2006 ca. 46.000 Ltd. in Deutschland), wohingegen die deutsche Rechtsform der GmbH einer Rezession unterlag. Warum hier speziell die britische Private Company Limited by Shares und nicht eine andere ausländische Gesellschaft mit beschränkter Haftung, wie z.B. die französische S.A.R.L, den Markt anführt, liegt wohl an der geographischen Nähe zu dem Vereinten Königreich, der ausgeprägten gesellschaftsrechtlichen Gesetzgebung, sowie dem englischen Sprachvorteil. Um diesem Boom der ausländischen Gesellschaftsformen Einhalt zu gebieten, hat das Bundesjustizministerium am 29.05.2006 den jeweils zuständigen Bundesressorts den Referentenentwurf des Gesetzes zur Modernisierung des GmbH-Rechts und zur Bekämpfung von Missbräuchen (MoMiG) mit der Bitte um Stellungnahme zukommen lassen. Ziel dieser Reform sollte es unter anderem sein, die Wettbewerbsfähigkeit und die Attraktivität der deutschen Rechtsform der Gesellschaft mit beschränkter Haftung zu steigern, die Gründungsvoraussetzungen für angehende Unternehmer zu erleichtern sowie den Wirtschaftsstandort Deutschland für den Mittelstand wieder zu stärken. Nach einigen Änderungen des Gesetzesentwurfes hat der Bundestag diesen am 26.06.2008, in seiner zweiten und dritten Lesung verabschiedet. Als ein Ergebnis der MoMiG-Reform tritt - nach Zustimmung des Bundesrates - am 01.11.2008 das neue MoMiG zur Gründung der Unternehmergesellschaft (haftungsbeschränkt) in Kraft, mit welchem die Bundesregierung versucht, die deutschen haftungsbeschränkten Rechtsformen wieder attraktiver zu gestalten.

Ziel des Buches soll es sein, die seit der MoMiG-Reform im Fokus stehende Unternehmergesellschaft (haftungsbeschränkt) näher zu betrachten und diese in den rechtlich relevanten Aspekten mit der britischen Private Company Limited by Shares zu vergleichen. Um die Wettbewerbsfähigkeit der im November 2008 eingeführten Unternehmergesellschaft (haftungsbeschränkt) zu prüfen, sollen in diesem Buch insbesondere die Faktoren: Entstehung der Gesellschaft, Haftung, Finanzverfassung, Auftreten der Gesellschaft im Geschäftsverkehr, Insolvenz und Liquidation, Rechnungsprüfung und Publizität sowie das Steuerrecht in den einzelnen Unterkapiteln untersucht und gegenübergestellt werden. Ferner soll in einer abschließenden Betrachtung der ausgearbeiteten Daten und Fakten eine Prognose über die Wettbewerbsfähigkeit der Unternehmergesellschaft (haftungsbeschränkt) im Vergleich zur britischen Private Company Limited by Shares abgeben werden.

Inhaltsverzeichnis

Abkürzungsverzeichnis

a.a.O.	am angeführten Ort
Abs.	Absatz
a.F.	alte Fassung
AG	Aktiengesellschaft Annual General Meeting
AktG	Aktiengesetz
AO	Abgabenordnung
Art.	Artikel
Aufl.	Auflage
BB	Betriebsberater
BetrVG	Betriebsverfassungsgesetz
BGB	Bürgerliches Gesetzbuch
BGH	Bundesgerichtshof
BMJ	Bundesministerium der Justiz
bspw.	Beispielsweise
BV	Besloten Vennootschap met beperkte aansprake lijkheid
Bzw.	Beziehungsweise
CA	Companies Act
DB	Der Betrieb
DNotZ	Deutsche Notar Zeitschrift (Zeitschrift)
D&O	Directors and Officers
Drucks.	Drucksache
DStR	Deutsches Steuerrecht (Zeitschrift)
dt.	deutsch
DrittelbG	Drittelbeteiligungsgesetz
EGHGB	Einführungsgesetz zum Handelsgesetzbuch
EGV	Vertrag zur Gründung der Europäischen Gemeinschaft
etc.	et cetera
EU	Europäische Union
EuGH	Europäischer Gerichtshof
EUR	Euro (Währung)
EuInsVO	Europäische Insolvenzverordnung
EWiR	Entscheidungen zum Wirtschaftsrecht
evtl.	eventuell
f.	folgend (Seite)
ff.	folgende (Seite)
FGG	Gesetz über die Angelegenheiten der freiwilligen Gerichtsbarkeit
FSA	Financial Service Act
GBP	Great Britain Pound
gem.	gemäß
GewStR	Gewerbesteuerrichtlinien
GmbH	Gesellschaft mit beschränkter Haftung

GmbHG	GmbH Gesetz
GmbH i.G.	Gesellschaft mit beschränkter Haftung in Gründung
GmbHR	GmbH- Rundschau (Zeitschrift)
HGB	Handelsgesetzbuch
HFR	Humboldt Forum Recht (Zeitschrift)
h.M.	herrschender Meinung
IA	Insolvency Act
IHK	Industrie und Handelskammer
InsO	Insolvenzordnung
i.S.d	im Sinne des
i.S.v	im Sinne von
i.V.m	in Verbindung mit
KStG	Körperschaftssteuergesetz
LG	Landgericht
Ltd.	Private Company Limited by Shares
MoMiG	Gesetz zur Modernisierung und zur Bekämpfung von Missbräuchen
n.F.	neue Fassung
NJW	Neue Juristische Wochenschrift (Zeitschrift)
NJW-RR	Neue Juristische Wochenschrift Rechtsrechungsreport
NWB	Neue Wirtschaftsbriefe (Zeitschrift)
NZG	Neue Zeitschrift für Gesellschaftsrecht (Zeitschrift)
o.g.	oben genannt
OLG	Oberlandesgericht
RIW	Recht der internationalen Wirtschaft (Zeitschrift)
Rn.	Randnummer
Rs.	Rechtssache
Rz.	Randziffer
S.	Seite
SA	Französiche monistische Aktiengesellschaft
SARL	Société à responsabilité limitée
Sec.	Section (englisch für Paragraph)
Secs.	Sections (englisch für Paragraphen)
s.o.	siehe oben
sog.	so genannt/e
SPE	Societas Private Europaea
StGB	Strafgesetzbuch
s.u.	siehe unten
u.a.	unter anderem
UG	Unternehmergesellschaft
UmwG	Umwandlungsgesetz
UStG	Umsatzsteuergesetz
u.v.m	und viele mehr
v.	vom
vgl.	vergleiche
z.B.	zum Beispiel

ZHR	Zeitschrift für das gesamte Handels- und Wirtschaftrecht
ZPO	Zivilprozessordnung
ZRP	Zeitschrift für Rechtspolitik (Zeitschrift)

1 Grundlagen und Rechtsprechung

1.1 Rechtsfähigkeit von Auslandsgesellschaften im Inland

1.1.1 International privatrechtliche Aspekte

Aufgrund des immanenten Bezuges des Gesellschaftsrechts zum europäischen Ausland, sind die Grundlagen für die europarechtliche Zulässigkeit von Gesellschaften mit Auslandsbezug zu erläutern. In den folgenden Unterpunkten soll daher auf die wichtigsten Kriterien sowie die für das internationale Gesellschaftsrecht einschlägige Rechtsprechung eingegangen werden.

1.1.1.1 Niederlassungsfreiheit

Die Niederlassungsfreiheit ist eine der vier Grundfreiheiten im Vertrag zur Gründung der Europäischen Gemeinschaft (EGV). Sie ist in den Artikeln 43 ff. EGV geregelt. Bei der Niederlassungsfreiheit gilt es jedoch zwischen primärer und sekundärer Niederlassungsfreiheit zu differenzieren. Die primäre Niederlassungsfreiheit, welche im Vertrag zur Gründung der Europäischen Gemeinschaft fest verankert ist, findet sich in den Art. 43 Abs. 1 S. 1 i.V.m. Art. 48 EGV (s.u.) und besagt, dass auch die Gründung und Leitung von Unternehmen in einem anderen EU-Mitgliedsstaat möglich ist. Diese Gründung hat jedoch nach den Vorschriften des Staates zu erfolgen, in welchem das Unternehmen gegründet werden soll. Die sekundäre Niederlassungsfreiheit ist in Art. 43 Abs. 1 S. 2 EGV (s.u.) kodifiziert und gewährleistet, dass Gesellschaften Agenturen, Zweigniederlassungen und Tochtergesellschaften unter der Wahrung ihrer nationalen Identität in anderen EU-Mitgliedsstaaten gründen können. Obwohl Art. 48 EGV die Gesellschaften den natürlichen Personen gleichstellt, wurden der Niederlassungsfreiheit von Gesellschaften, welche nach den Vorschriften einer mitgliedsstaatlichen Rechtsordnung gegründet wurden, in der Vergangenheit rechtliche Grenzen gesetzt. Als Einschränkungsgrund wurde angegeben, die Gesellschaften hätten wegen der divergierenden nationalen Gesellschaftsrechtsordnungen keine gemeinschaftsrechtlichen Grundlagen. Eine solche teleologische Einschränkung des sachlichen Anwendungsbereiches, unter Abweichung vom Normtext, führte zu dem Ergebnis, dass eine identitätswahrende Sitzverlegung der Gesellschaft abgelehnt wurde.

Die hier geschilderte Problematik der Niederlassungsfreiheit führte in der Vergangenheit zu einiger Rechtsunsicherheit, so dass der europäische Gerichtshof in einigen Entscheidungen zu genau diesem Thema für alle Mitgliedsstaaten bindende Urteile gesprochen hat, welche die Rechtssicherheit auf dem Gebiet des europäischen Gesellschaftsrechts wiederherstellte. Die angesprochenen Urteile sollen in den folgenden Unterpunkten genauer betrachtet werden.

Art. 43 EGV

„Die Beschränkungen der freien Niederlassung von Staatsangehörigen eines Mitgliedsstaates im Hoheitsgebiet eines anderen Mitgliedsstaates sind nach Maßgabe der folgenden Bestimmungen verboten. Das Gleiche gilt für Beschränkungen der Gründung von Agenturen, Zweigniederlassungen oder Tochtergesellschaften durch Angehörige eines Mitgliedsstaates, die im Hoheitsgebiet eines Mitgliedsstaates ansässig sind.

Vorbehaltlich des Kapitels über den Kapitalverkehr umfasst die Niederlassungsfreiheit die Aufnahme und Ausübung selbstständiger Erwerbstätigkeit, sowie die Gründung und Leitung von Unternehmen, insbesondere von Gesellschaften im Sinne des Art. 48 Abs. 2 EGV, nach den Bestimmungen des Aufnahmestaates für seine eigenen Angehörigen."

Art. 48 EGV

„Für die Anwendung dieses Kapitels stehen die nach den Rechtsvorschriften eines Mitgliedsstaates gegründeten Gesellschaften, die ihren satzungsmäßigen Sitz, ihre Hauptverwaltung oder ihre Hauptniederlassung innerhalb der Gemeinschaft haben, den natürlichen Personen gleich, die Angehörige der Mitgliedsstaaten sind.

Als Gesellschaften gelten die Gesellschaften des bürgerlichen Rechts und des Handelsrechts einschließlich der Genossenschaften und sonstigen juristischen Personen des öffentlichen und privaten Rechts mit Ausnahme derjenigen, die keinen Erwerbszweck verfolgen."

1.1.1.2 Grundlegende gesellschaftsrechtliche Theorien

Möchte eine Gesellschaft in einem anderen Land tätig werden, so stellt sich die Frage, welcher nationalen Rechtsordnung die jeweils anzuwendenden privatrechtlichen Vorschriften zu entnehmen sind, die dann wiederum die jeweiligen Rechtsverhältnisse regeln. Grundsätzlich entfaltet das Recht eines Staates nur nationale Gültigkeit. Aus diesem Grund ist auf Gesellschaften immer das Recht anzuwenden, dem sie rechtlich zuzuordnen sind. Diese Zuordnung erfolgt nach verschiedenen Theorien, da sie in

Deutschland nicht gesetzlich geregelt ist. In den Ländern der Europäischen Union sind zwei Theorien über die Wirksamkeit von Gesellschaften mit Verlegung des Verwaltungssitzes ins Ausland vorherrschend. Diese beiden Theorien sollen nun näher erläutert werden.

Sitztheorie

Historischer Exkurs: Die Sitztheorie wurde im Laufe des 19. Jahrhunderts von Frankreich und Deutschland entwickelt und sollte dem Schutz des nationalen Gesellschaftsrechts dienen, indem sie den Zuzug von Gesellschaften, welche nach weniger strengen Voraussetzungen gegründet wurden, verhinderte. Folgt ein Staat der Sitztheorie, so knüpft sich das Gesellschaftsstatut an den tatsächlichen Sitz der Hauptverwaltung (Verwaltungssitz) an. Demnach ist das Gesellschaftsstatut das Recht des Staates, in welchem die Gesellschaft ihren Verwaltungssitz hat.

Als Verwaltungssitz wird der Ort angenommen, an welchem die Unternehmensleitung die grundlegenden Entscheidungen trifft und diese in den laufenden Geschäftsführungsakten umsetzt. Ein Ziel der Sitztheorie ist es, den Zuzug von Gesellschaften aus anderen Staaten zu verhindern, denn es wurde befürchtet, dass die Konkurrenz der internationalen Gesellschaftsrechtssysteme einen sog. "Race to the Bottom" auslösen könnten, welcher in seiner Konsequenz den Verfall des gesellschaftsrechtlichen Standards zur Folge haben könnte. So gilt beispielsweise im deutschen Gesellschaftsrecht das sog. „Numerus-clausus-Prinzip", das die gesetzliche Ausgestaltung der Gesellschaftsformen abschließend regelt. Da Deutschland der Sitztheorie folgte, bedeutete dies, dass ausländische Kapitalgesellschaften, welche ihren Verwaltungssitz in Deutschland hatten, jedoch regelmäßig nicht den gesetzlichen Anforderungen Deutschlands genügten, nicht anerkannt wurden. In Deutschland nicht anerkannte Kapitalgesellschaften wurden daher als rechtliches Nullum betrachtet oder zu einer Personengesellschaft nach deutschem Recht umqualifiziert. Diese Umqualifizierung hat zur Folge, dass die Gesellschaft entweder ihre Haftungsbeschränkung oder sogar ihre Rechtspersönlichkeit verlieren kann.

Gründungstheorie oder Inkorporationstheorie

Um den Sinn und Zweck der Gründungstheorie zu verstehen, ist ein kleiner historischer Exkurs notwendig: Die Gründungstheorie entstand im 18. Jahrhundert in England und diente dem damaligen Bedürfnis der Kolonialmacht, weltweiten Handel zu betreiben. Mit ihr sollte erreicht werden, dass Gesellschaften nach dem vertrauten Recht in England gegründet werden konnten und dann überseeische Aktivitäten aufnehmen konnten, ohne ihren gewohnten heimischen Schutz und ihre rechtliche Identität zu verlieren.

Die Gründungstheorie, auch Inkorporationstheorie genannt, verfolgt das Ziel, dass eine Gesellschaft, die nach dem Recht eines Staates wirksam gegründet wurde, auch aus der Sicht von anderen Staaten als wirksam gegründet anerkannt werden soll. Dies soll auch dann der Fall sein, wenn die Gesellschaft sich nicht mehr in ihrem Gründungsstaat befindet. Bei der Gründungstheorie gilt also, dass auf eine nach einem bestimmten Recht konstituierte Gesellschaft, das Recht des Gründungsstaates anzuwenden ist. Die in dem Gründungsstaat geltenden Rechtsfolgen sollen demnach bis an die Grenzen des „*ordre public*" in jedem anderen Staat gelten, gleich in welchem Land sich der Verwaltungssitz befindet.

Diese hier angesprochene Bestimmung des Gesellschaftsstatuts unterliegt der Privatautonomie.

1.1.2 Fundamentale Rechtsprechung des EuGH

Der Europäische Gerichtshof hatte noch im Jahre 1988 in seiner Entscheidung „Daily Mail Ltd." den Schutz von Gesellschaften, welche ihren Sitz unter Berufung auf die Niederlassungsfreiheit verlegt hatten, abgelehnt. Die „Daily Mail Ltd."-Rechtsprechung ist jedoch sukzessive in den jüngeren Entscheidungen des EuGH aufgegeben worden. Da die angesprochenen Entscheidungen einen Umbruch in der Niederlassungsfreiheit von Kapitalgesellschaften mit sich brachten, sollen sie in den folgenden Unterpunkten genauer betrachtet werden.

1.1.2.1 Die „Centros" Entscheidung

Sachverhalt:

In dem dem EuGH vorliegenden Sachverhalt wollte ein dänisches Ehepaar eine Limited (Centros Ltd.) ausschließlich zu dem Zweck gründen, in Dänemark eine Zweigniederlassung zu errichten. Dies hätte zur Folge gehabt, dass die strengen dänischen Mindestkapitalvorschriften umgangen worden wären. Die Zentralverwaltung für Handel und Gesellschaften (*Erhvervs - og Selskabsstyrelse*) in Dänemark verweigerte den Antragstellern die Eintragung einer Zweigniederlassung mit dem Hinweis auf national geltendes Recht. Nach Ansicht des Registergerichts handelte es sich nicht um eine Zweigniederlassung, sondern um eine Hauptniederlassung, da die Centros Ltd. in England keinerlei Geschäftstätigkeit ausübte.

Entscheidung des EuGH:

Der EuGH sah die Verweigerung der Eintragung der Gesellschaft in das zuständige Register als unvereinbar mit der in Art. 43 und Art. 48 EGV kodifizierten Niederlassungsfreiheit an, gleichwohl es sich hier erkennbar um die Umgehung der in Dänemark geltenden Anforderung handelte. Diese Umgehung sei jedoch nicht als Rechtsmissbrauch zu qualifizieren, sondern vielmehr als ein legales betriebswirtschaftliches Gestaltungsmittel. Ferner forderte der EuGH die unverzügliche Eintragung der Zweigniederlassung in das zuständige Register des Staates Dänemark.

Anmerkung:

Die Centros-Entscheidung war der erste Grundstein, den Streit zwischen der Sitz- und Gründungstheorie zu beenden. Allerdings ist an dieser Stelle anzumerken, dass die vorliegende Entscheidung des EuGH lediglich die sekundäre Niederlassungsfreiheit betraf und es zu diesem Zeitpunkt noch immer verschiedenste Fragen zu beantworten galt.

1.1.2.2 Die „Überseering“ Entscheidung

Sachverhalt:

Vor dem Düsseldorfer Landgericht trat die niederländische Gesellschaft „Überseering BV“ (*Besloten Vennootschap met beperkte aansprake lijkheid*) als Klägerin in einem Prozess auf. Die Überseering BV machte damals geltend, dass durch ein anderes Unternehmen durchgeführte Bauleistungen an einem in ihrem Eigentum stehenden Gebäude mangelhaft durchgeführt worden seien.

Die Gesellschaft Überseering BV hatte ihren ursprünglichen Sitz in den Niederlanden und wurde zwischenzeitlich von zwei Deutschen erworben, welche den tatsächlichen Sitz der Gesellschaft nach Deutschland verlegten. Das Landgericht Düsseldorf wies daraufhin die Klage der Überseering BV als unzulässig ab und berief sich auf die damals in Deutschland geltende Sitztheorie.

Die Begründung lautete, dass die Gesellschaft durch die grenzüberschreitende Verlegung des Verwaltungssitzes nicht mehr parteifähig sei. Ferner sei sie nach dem Numerus Clausus des Gesellschaftsrechts als rechtliches Nullum zu qualifizieren. Diese Entscheidung wurde auch im Berufungsverfahren durch das OLG Düsseldorf bestätigt. Der in national letzter Instanz angerufene Bundesgerichtshof hatte jedoch Zweifel, die zuvor getroffenen Entscheidungen des LG und OLG Düsseldorfs mit den durch den EuGH angedeuteten Grundsätzen der Niederlassungsfreiheit (Art. 43

und Art 48 EGV) in Einklang zu bringen. Der Bundesgerichtshof setze daher das Verfahren aus und legte dem EuGH gem. Art. 234 EGV die folgenden Fragen zur Vorabentscheidung vor:

„1. Sind Art. 43 und Art. 48 EGV dahin auszulegen, dass es im Widerspruch zur Niederlassungsfreiheit für Gesellschaften steht, wenn die Rechtsfähigkeit und die Parteifähigkeit einer Gesellschaft, die nach dem Recht eines Mitgliedsstaates wirksam gegründet worden ist, nach dem Recht des Staates beurteilt werden, in den die Gesellschaft ihren tatsächlichen Verwaltungssitz verlegt hat, und wenn sich aus dessen Recht ergibt, dass sie vertraglich begründete Ansprüche dort nicht mehr gerichtlich geltend machen kann?

2. Sollte der Gerichtshof diese Frage bejahen:

Gebietet es die Niederlassungsfreiheit für Gesellschaften (Art. 43 und Art. 48 EGV), die Rechtsfähigkeit und die Parteifähigkeit nach dem Recht des Gründungsstaates zu beurteilen?“

Entscheidung des EuGH:

Der Europäische Gerichtshof beantwortete die vorgelegten Fragen des Bundesgerichtshofes in einer nahezu lehrbuchartigen Prüfung der Niederlassungsfreiheit und entschied, dass die Nichtanerkennung der Rechts- und Parteifähigkeit der Überseering BV von deutschen Gerichten gegen die Artt. 43 und 48 EGV verstößt. Begründet wurde dies damit, dass diese beiden gesellschaftsrechtlichen Elemente der Überseering BV bereits in den Niederlanden zuerkannt worden waren. Als Ergebnis war der Klage der Überseering BV vor deutschen Gerichten stattzugeben.

Anmerkung:

Mit der vom EuGH getroffenen Entscheidung wurde die Sitztheorie noch nicht vollständig verworfen, vielmehr waren nur die so genannten Zuzugsfälle von Gesellschaften Inhalt dieser Entscheidung. Mit Zuzugsfällen ist gemeint, dass eine Gesellschaft ihre Rechts- und Parteifähigkeit bei Wegzug aus einem EU-Mitgliedsstaat und Zuzug in einen anderen EU-Mitgliedstaat beibehält. Es wurden jedoch nicht die sog. Wegzugsfälle behandelt, bei welchen eine Gesellschaft ihre Rechts- und Parteifähigkeit, die ihr durch den Gründungsstaat zuerkannt wurde, verliert. Nach der Ansicht des Bundesgerichtshofes waren diese Gesellschaften zwar rechts- und parteifähig, jedoch seien sie wie Personengesellschaften zu behandeln.

1.1.2.3 Die „Inspire Art“ Entscheidung

Sachverhalt:

Bei der „Inspire Art Ltd.“ handelte es sich um eine im Jahre 2000 in England gegründete Private Company Limited by Shares, welche eine Zweigniederlassung im Handelsregister von Amsterdam eingetragen hatte. Des Weiteren war der einzige Geschäftsführer der Inspire Art Ltd. niederländischer Staatsbürger und auch dort ansässig. Da die Niederlande der Gründungstheorie folgen, wurde die Gesellschaft ohne weitere Formalitäten auch als rechts- und parteifähig anerkannt. In den Niederlanden gibt es ein Gesetz (WFBV), welches versucht, Scheinauslandsgesellschaften dadurch zu verhindern, dass den Gesellschaften verschiedenen Pflichten auferlegt werden. Diese Pflichten sind z.B. die Eintragung ins Handelsregister, Geschäftsbriefe müssen den Zusatz *„formal ausländische Gesellschaft“* beinhalten und die Höhe des gezeichneten Kapitals der Auslandsgesellschaft muss dem Mindestkapital einer niederländischen Gesellschaft mit beschränkter Haftung entsprechen.

Da die Inspire Art Ltd. zwar im Handelsregister eingetragen war, jedoch nicht den geforderten Zusatz führte, forderte die Handelskammer Amsterdam sie auf, diesen nachtragen zu lassen. In dem darauf folgenden Prozess rief das Kantongericht von Amsterdam den EuGH mit der Frage an, ob das niederländische WFBV gegen Gemeinschaftsrecht und insbesondere die Niederlassungsfreiheit verstoße.

Entscheidung des EuGH:

Der Europäische Gerichtshof führte auch in diesem Urteil seine zuvor entwickelte Rechtsprechung mit Bezug auf die Niederlassungsfreiheit konsequent fort und urteilte, dass die niederländischen Regelungen zur Kennzeichnung von ausländischen Gesellschaften gegen europäisches Recht verstoßen. Ferner entschied der EuGH, dass die Inanspruchnahme der Niederlassungsfreiheit auch dann möglich sei, wenn dies dem alleinigen Zweck diene, nur in einem anderen Mitgliedsstaat operativ tätig zu werden. Solange keine konkreten Anhaltspunkte für betrügerische Absichten vorliegen, stelle es keinen Missbrauch dar, wenn eine andere europäische Rechtsordnung lediglich wegen ihrer vorteilhafteren Vorschriften gewählt wird.

Anmerkung:

Die Inspire Art-Entscheidung war letztlich die finale Entscheidung, welche die bedingungslose Anerkennung der Rechts- und Parteifähigkeit einer im europäischen Ausland gegründeten und zugezogenen Gesellschaft mitsamt ihrer Haftungsverfassung und dem Gründungsstatut gewährleistet.

1.1.2.4 Die „De Lasteyrie du Saillant" Entscheidung

Sachverhalt:

Der Kläger Hughes de Lasteyrie du Saillant und die Beklagte, das französische Wirtschafts-, Finanz- und Industrieministerium, stritten über die Besteuerung von noch nicht realisierten Wertsteigerungen von Wertpapieren. Der Auslöser für diesen Rechtsstreit war die französische Regelung des Art. 167 a i.V.m. Art. 160 Code General des Impots. Diese Regelungen besteuern nur unter gewissen Voraussetzungen, auch bei fehlender Realisierung, die in einer Beteiligung enthaltenen stillen Wertzuwächse, wenn ein steuerpflichtiger Mitgesellschafter seinen Wohnsitz in das Ausland verlegt (Wegzug).

Entscheidung des EuGH:

Der Europäische Gerichtshof sah in diesem Fall ebenfalls einen Verstoß gegen die Niederlassungsfreiheit, denn hier sollten reine Buchgewinne versteuert werden, obwohl der Eigentümer weder die Anteile, noch die Vermögenswerte veräußerte.

Anmerkung:

Die Rechtsprechung des EuGH in der zuvor behandelten Entscheidung bezüglich der sogenannten Wegzugsbesteuerung betraf lediglich die Steuerpflicht einer natürlichen Person. Es ist jedoch noch nicht abschließend geklärt worden, inwieweit die Wegzugs- und Zuzugsfreiheit auch für die Verlegung des Satzungssitzes einer Gesellschaft gilt. Der Wortlaut spricht für die gleichlautende Anwendung des Art. 48 EGV.

1.1.2.5 Die „Sevic Systems AG" Entscheidung

Sachverhalt:

Die Sevic Systems AG, welche ihren statutarischen Sitz in Neuwied in Deutschland hatte, vereinbarte im Jahre 2002 die Verschmelzung mit der Security Vision Concept SA, mit statutarischem Sitz in Luxemburg. Die Verschmelzung der zwei Gesellschaften wurde jedoch von dem zuständigen Registergericht in Neuwied mit der Begründung zurückgewiesen, dass gem. § 1 Abs. 1 Nr. 1 UmwG nur Verschmelzungen von Rechtsträgern mit Sitz in Deutschland rechtmäßig seien.

Das angerufene Beschwerdegericht legte daraufhin dem EuGH diese Frage zum Vorabentscheid vor.

Entscheidung des EuGH:

Der EuGH war auch hier der Auffassung, die Übertragung von Vermögen unterliege dem Schutzbereich der Niederlassungsfreiheit und die Einschränkung durch das Umwandlungsgesetz sei damit gemeinschaftswidrig.

Anmerkung:

Den Kommentierungen zu diesem Urteil kann man entnehmen, dass Gesellschaften nun entgegen der noch im Urteil „Daily Mail“ vertretenen Auffassung, die Möglichkeit zum Wegzug haben.

1.2 Nationale Aspekte

1.2.1 Die Anerkennung der Gründungstheorie durch den BGH

In der Vergangenheit lehnte der Bundesgerichtshof die Parteifähigkeit ausländischer Gesellschaften regelmäßig ab und folgte damit der in Deutschland vorherrschenden Sitztheorie. Durch das Urteil vom 13.03.2003 beugte sich der Bundesgerichtshof jedoch der zuvor ergangenen Überseering-Entscheidung des EuGH und erkannte erstmalig die Rechts- und Parteifähigkeit ausländischer Gesellschaften an. Im Ergebnis gilt damit auch in Deutschland die Gründungstheorie für das internationale Gesellschaftsrecht.

1.2.2 MoMiG-Wegfall des § 4 a II GmbHG

Nach dem Wortlaut des § 4 a II GmbHG a.F. ist eine Verlegung des Verwaltungssitzes einer Gesellschaft in das Ausland nicht möglich. Sollte eine Gesellschaft entgegen dieser Vorschrift in das Ausland verlegt werden, ist nach h. M. ein Löschungsverfahren der Gesellschaft i.S.d. § 142 FGG zu betreiben.

Diese oben angesprochene Regelung bezüglich der Verlegung des Verwaltungssitzes wurde nun im Wege der MoMiG-Reform dahingehend geändert, dass der Sitz der Gesellschaft der Ort im Inland ist, welchen die Satzung bestimmt. Gleichzeitig wird Absatz 2 des § 4 a GmbHG ersatzlos gestrichen. Ziel dieser redaktionellen Änderung ist es, deutschen Gesellschaften die freie Wahl des Verwaltungssitzes zu ermöglichen und den internationalen Spielraum zu erhöhen. Dies muss jedoch im Rahmen einer Zweigniederlassung geschehen, die alle Geschäftsaktivitäten erfasst und außerhalb des deutschen Hoheitsgebietes liegt. Es sei jedoch anzumerken, dass sich der Satzungssitz auch nach der Neuregelung im Inland befinden muss. Im Ergebnis soll damit die Verlegung des Verwaltungssitzes in das (auch außereuropäische) Ausland erlaubt werden (faktische Aufgabe der Sitztheorie). So ist es beispielsweise möglich, dass deutsche Konzerne ihre Tochtergesellschaften im Ausland mit der ihnen vertrauten Rechtsform der GmbH gründen können. Ein weiteres Ziel dieser Regelung soll es sein, die Rechtsform der GmbH auch im internationalen Wettbewerb für ausländische Unternehmer attraktiver zu gestalten, selbst wenn die Unternehmer insbesondere nicht in Deutschland tätig werden wollen.

2 Entscheidungskriterien für die Wahl der Rechtsform

Nicht selten stehen Unternehmensgründer vor der Frage, welche Rechtsform sie für ihr Vorhaben wählen sollen. Diese Wahl der Rechtsform spielt in vielen Fällen des täglichen Geschäftslebens eine enorm wichtige Rolle, denn sie regelt die Rechtsbeziehungen zwischen den Gesellschaftern, wie auch zu Dritten. Als Beispiele für die Entscheidungskriterien können hier betriebswirtschaftliche Faktoren, Rechtsfragen sowie steuerrechtliche Fragestellungen angeführt werden. Aus diesem Grund werden hier zum Einstieg die wichtigsten Auswahlkriterien kurz dargestellt und beschrieben, bevor in den folgenden Kapiteln eine detaillierte Analyse und Gegenüberstellung der jeweiligen Kriterien anhand der zwei ausgewählten Rechtsformen erfolgt.

2.1 Entstehung der Gesellschaft

Beabsichtigt eine Person, den Schritt in die Selbstständigkeit zu wagen und ein Unternehmen zu gründen, so ist dies stets mit Kosten und Aufwendungen verbunden. Diese können für den angehenden Unternehmer bereits ein Indikator für die Wahl der Rechtsform sein, denn nicht selten sind die zur Verfügung stehenden finanziellen Mittel limitiert. Als Beispiele hierfür können die Handelsregistereintragung, die notarielle Beurkundung, die Gewerbeanmeldung, eventuelle Veröffentlichungen im Amtsblatt oder einer Tageszeitung, Beratungskosten, sowie Gründungsfolgekosten aufgeführt werden. Ferner ist der angehende Unternehmer bei dem Ablauf der Gründung an gewisse formelle Kriterien gebunden. Bei der Entstehung einer Gesellschaft müssen die gesetzlich vorgeschriebenen Gründungsvoraussetzungen, die je nach Wahl der Rechtsform unterschiedlich sind, eingehalten werden. Als Beispiel für eine dieser Gründungsvoraussetzungen kann der notariell beurkundete Gesellschaftsvertrag einer Gesellschaft mit beschränkter Haftung angeführt werden (§ 2 Abs. 1 GmbHG).

Zudem muss bei Kapitalgesellschaften das Gründungsverfahren strikt eingehalten werden, welches einen nicht unbeachtlichen Zeitraum von bis zu acht Wochen in Anspruch nehmen kann.

2.2 Haftung

Das Auswahlkriterium der Haftung spielt bei der Wahl der Rechtsform in den häufigsten Fällen eine übergeordnete Rolle. Hier gilt es zwischen unbeschränkter und beschränkter Haftung zu wählen. Unter der unbeschränkten Haftung versteht man, dass alle Gesellschafter bzw. der einzelne Gesellschafter insbesondere auch nach der Gründungsphase mit ihrem oder seinem gesamten Privat- wie auch Gesellschaftsvermögen haften. Dagegen ist die Haftung bei Kapitalgesellschaften nach der abgeschlossenen Gründung auf das Gesellschaftsvermögen beschränkt. Auch hiervon gibt es unter gewissen Voraussetzungen Ausnahmen. Diese werden jedoch detaillierter in dem nachfolgenden Kapitel D II - Organisation und Verfassung behandelt.

2.3 Mitbestimmung

Ein weiteres wichtiges Kriterium zur Rechtsformwahl ist die Mitbestimmung, denn nur ungern wollen Unternehmer einen Teil ihrer Entscheidungsfreiheit einbüßen. Die im Betriebsverfassungsgesetz kodifizierten Normen zur Bildung eines Betriebsrates in Betrieben mit mehr als fünf Beschäftigten, sowie dessen Rechte und Pflichten, sind unabhängig von der Rechtsform des Unternehmens. Sie gelten für jeden Betrieb, der diesen arbeitsrechtlichen Schwellenwert überschreitet. Hinsichtlich des Betriebsrates besteht somit kein Unterschied zwischen Einzelfirmen, Personen- und Kapitalgesellschaften. Der einzig relevante Aspekt im Hinblick auf die Mitbestimmung bei den verschiedenen Rechtsformen der Kapitalgesellschaften ist die Mitbestimmung der Arbeitnehmervertreter im Aufsichtsrat. Diese findet bei der Gesellschaft mit beschränkter Haftung erst bei mehr als 500 Arbeitnehmern Anwendung (vgl. § 1 Abs. 1 Nr. 3 DrittelbG). Ferner ist die Bildung eines Aufsichtsrates mit mindestens der Hälfte an Arbeitnehmervertretern bei der GmbH sowie der GmbH & Co. KG vorgeschrieben, wenn diese mehr als 2.000 Arbeitnehmer beschäftigt (§§ 1, 4 u. 7 MitbestG). Diese Regelungen gelten hingegen nicht für andere Personengesellschaften, die eine natürliche Person als Vollhafter haben.

2.4 Finanzverfassung

Das Themengebiet der Finanzverfassung spielt für die Wahl der Rechtsform eine wichtige Rolle. Hierunter sind unter anderem die Bereiche: Kapitalaufbringung, Kapitalerhaltung, Kapitalveränderung sowie die verschiedenen Finanzierungsmöglichkeiten zu subsumieren. Je nachdem für welche Rechtsform sich ein Unternehmensgründer entscheidet, kann dies dazu führen, dass er sich bzgl. der Kapitalerhaltung, Kapitalaufbringung und Kapitalveränderung an spezielle Gesetze zu diesem Themengebiet halten muss. Bei den Finanzierungsarten werden im Wesentlichen zwei verschiedene Möglichkeiten unterschieden:

Die erste Möglichkeit der Finanzierung ist die Eigenfinanzierung, bei welcher der Unternehmer die benötigten finanziellen Mittel regelmäßig selbst aufbringt und als Kapitaleinlage in das Betriebsvermögen fließen lässt.

Die zweite Möglichkeit ist die Fremdfinanzierung, bei welcher die finanziellen Mittel von externen Kapitalgebern für eine gewisse Dauer dem Unternehmer überlassen werden. Die Fremdfinanzierung ist in den letzten Jahren zu einem unverzichtbaren betriebswirtschaftlichen Instrument der Unternehmer geworden, denn jedes Unternehmen benötigt Fremdkapital zur Deckung des langfristigen Kapitalbedarfs, zur Liquiditätsoptimierung oder auch zur Optimierung der Kapitalkosten. Es ist an dieser Stelle anzumerken, dass die Möglichkeit der Inanspruchnahme von Fremdfinanzierungsmitteln häufig von verschiedenen Faktoren abhängig gemacht wird. So spielen bei Einzelunternehmern die Kreditwürdigkeit, die Reputation sowie die privaten Vermögensverhältnisse eine bedeutende Rolle. Ebenso spielt die angesprochene Problematik auch bei haftungsbeschränkten Gesellschaften eine herausragende Rolle, denn genau diese Haftungsbeschränkung führt dazu, dass Banken die Vergabe eines Kredites von zusätzlichen Sicherheiten der Gesellschafter abhängig machen. Diese Sicherheiten können zum Beispiel in Form einer Grundschuld oder Bürgschaft der Gesellschafter erbracht werden.

2.5 Auftreten der Gesellschaft im Geschäftsverkehr

Der Auftritt einer Gesellschaft im Geschäftsverkehr kann in vielerlei Hinsicht von großer Bedeutung für die Wahl der Rechtsform sein. Nicht selten wird der Reputation einer Rechtsform ein großes Gewicht beigemessen. Ferner kommt es auch auf das Betätigungsfeld des Unternehmens an. Soll auf internationalen Märkten agiert werden, so empfiehlt es sich eine Rechtsform zu wählen, welche auch über die Landesgrenzen hinaus bekannt ist und eine gewisse Seriosität ausstrahlt. Des Weiteren sind je nach Rechtsform gewisse Formerfordernisse bei Geschäftsbriefen einzuhalten. So sind bei der GmbH & Co. KG beispielsweise die folgenden Angaben zu machen: Firma, Rechtsformzusatz, Ort der Niederlassung und des Registergerichts, sowie die Handelsregisternummer, Firma des persönlich haftenden Gesellschafters und dessen Sitz, Registergericht, Handelsregisternummer, Geschäftsführer und evtl. Aufsichtsratsvorsitzender der GmbH.

2.6 Insolvenz und Liquidation der Gesellschaft

Vor oder während der Gründung eines Unternehmens zieht man in der Regel noch nicht den Zeitpunkt der Aufgabe des Unternehmens oder den „worst case“ der Insolvenz in Betracht. Es empfiehlt sich jedoch, sich frühzeitig detailliert mit diesem Thema auseinander zu setzen und alle Möglichkeiten sowie die daraus resultierenden Konsequenzen in Betracht zu ziehen und abzuwägen.

Unter dem Begriff der Liquidation versteht man die Auflösung eines Unternehmens durch die Einzelveräußerung aller Vermö nsgegenstände. Diese Art der Auflösung hat zur Folge, dass ein Unternehmen in seine organisatorischen Einheiten zerschlagen wird. Für die Liquidation oder auch Abwicklung eines Unternehmens kann es viele Gründe geben. Die häufigsten sind die freiwillige Aufgabe der unternehmerischen Tätigkeit und die zwangsweise herbeigeführte Auflösung des Unternehmens durch Überschuldung oder Zahlungsunfähigkeit (Insolvenz), § 17 InsO. Dieses Thema wird in dem folgenden Kapitel D Unterpunkt VI ausführlicher behandelt.

2.7 Rechnungsprüfung, Abschlussprüfung und Publizitätspflichten

Seit Inkrafttreten des Bilanzierungsrichtliniengesetzes spielen auch die Publizität und Rechnungslegung eine große Rolle bei der Entscheidungsfindung für die Wahl der Rechtsform. Als Grund hierfür kann aufgeführt werden, dass kein Unternehmer ein Interesse daran hat, dass Dritte, ohne den Willen des Unternehmers Kenntnis von dem wirtschaftlichen Erfolg bzw. Misserfolg des Unternehmens erhalten. Durch die Veröffentlichungspflicht wird ein enormer Wettbewerb auf dem Markt ausgelöst, denn so können beispielsweise Zulieferer zunehmend unter Druck geraten, wenn ihre Abnehmer Kenntnis von derartigen Informationen erhalten.

Durch das Bilanzierungsrichtliniengesetz sind bspw. Kapitalgesellschaften bei Erfüllung gewisser Parameter wie z.B. einer bestimmten Größe der Gesellschaft, dazu verpflichtet, ihre Jahresabschlüsse zu veröffentlichen. Andere Kapitalgesellschaften, wie z.B. die börsennotierte AG, sind unabhängig von ihrer Größe gesetzlich zur Veröffentlichung ihres Jahresabschlusses verpflichtet. Dadurch spielt dieses Kriterium bei Kapitalgesellschaften eine untergeordnete Rolle.

2.8 Besteuerung

Die Wahl der Rechtsform hat ferner große Bedeutung für die Besteuerung der gewählten Unternehmensform. Versucht ein Unternehmer, die für sich und sein Vorhaben richtige steuerliche Rechtsform zu identifizieren, so gilt es, einen umfassenden Steuerbelastungsvergleich zu erstellen und die sich gegebenenfalls ergebende hohe Steuerbelastungsquote zu berücksichtigen. Die wesentlichen Steuern sind die Einkommenssteuer, Gewerbesteuer und Körperschaftssteuer. Es sollte aber davon abgeraten werden, eine Rechtsform nur aufgrund der steuerlichen Kriterien zu wählen, da die betriebswirtschaftlichen und handelsrechtlichen Gegebenheiten nicht vernachlässigt werden sollten. Im Gegenteil, ihnen sollten im Zweifelsfall sogar der Vorrang gewährt werden.

3 Vergleichende Darstellung der UG (haftungsbeschränkt) und der Limited

3.1 Entstehung der Gesellschaft

3.1.1 Gründung der Unternehmergesellschaft (haftungsbeschränkt)

3.1.1.1 Rechtsgrundlagen der Unternehmergesellschaft (haftungsbeschränkt)

Die Gesellschaftsform der Unternehmergesellschaft (haftungsbeschränkt) stellt keine neue oder eigene Rechtsform neben oder unter der GmbH dar. Sie ist vielmehr in das GmbH-Recht einzuordnen und somit als juristische Person zu qualifizieren. Für die UG (haftungsbeschränkt) sind gem. § 5 a GmbHG n.F. erhebliche Erleichterungen zur Gründung vorgesehen, welche hingegen durch eine andere Firmierung flankiert werden. Dies bedeutet, dass die Gesellschaft zwingend wie folgt zu firmieren hat: „Unternehmergesellschaft (haftungsbeschränkt)“ oder „UG (haftungsbeschränkt)“. Von diesen beiden Varianten darf somit nicht abgewichen werden und eine Abkürzung des Zusatzes „haftungsbeschränkt“ ist unzulässig, da dies bei Dritten den Eindruck erwecken könnte, die Gesellschaft sei mit Haftungskapital ausgestattet. Das GmbHG bildet für die UG (haftungsbeschränkt) die zentrale Rechtsquelle für die Ermittlung des anwendbaren Rechts. Dieses ist seinerseits auch nur ein Teil der gesamten Rechtsordnung und so können im Einzelfall eine Vielzahl anderer Gesetze für die UG (haftungsbeschränkt) von Bedeutung sein. Als Beispiele können das BGB als Grundlage sämtlicher Privatrechtsverhältnisse, das HGB, insbesondere für das Bilanzrecht sowie das UWG für Verschmelzungen angeführt werden.

3.1.1.2 Gründungsvoraussetzungen

Das Hauptanliegen der GmbH-Novelle war die Gründung der Gesellschaft zu erleichtern und zu beschleunigen. Die Änderungen sollen diesen vermeintlichen Wettbewerbsnachteil der GmbH gegenüber ausländischen Gesellschaftsformen kompensieren.

Was die Gründung der neuen UG (haftungsbeschränkt) angeht, bedarf es hierzu primär dreier Dokumente: Des Gesellschaftsvertrages, der Geschäftsführerbestellung, sowie der Gesellschafterliste. Im Rahmen der MoMiG-Reform hat die Bundesregierung zur Vereinfachung der Eintragung in das Handelsregister ein so genanntes „Gründungs-Set“ herausgegeben, welches zur unkomplizierten Standardgründung verwendet werden soll. Hierin sind zwei Musterprotokolle enthalten, wobei das eine für die Gründung von Ein-Personen-Gesellschaften und das andere für Mehr-Personen-Gesellschaften, jedoch mit maximal drei Gesellschaftern, vorgesehen ist. Die hier angesprochenen Musterprotokolle können nur dann angewendet werden, wenn es sich bei der Gesellschaftsgründung um eine Bargründung handelt, und nur ein Geschäftsführer bestellt werden soll. Sollten also bei einer Gründung die zuvor genannten Bedingungen nicht zutreffen, z.B. mehr als drei Gesellschafter, mehr als ein Geschäftsführer oder Erbringung einer Sacheinlage, so dürfen die Musterprotokolle nicht angewendet werden. Sollte ein solches Musterprotokoll für die Gründung einer Gesellschaft verwendet werden, kann auf den Gesellschaftsvertrag, die Geschäftsführerbestellung und die Gesellschafterliste verzichtet werden. Es darf jedoch nicht von den im Musterprotokoll vorgegebenen Regelungen abgewichen werden. Des Weiteren bedarf es der notariellen Beurkundung.

Wird von dem Musterprotokoll abgewichen, gilt wie bisher im GmbH-Recht der individuelle, auf die Bedürfnisse der Gesellschaft abgestimmte Gesellschaftsvertrag mit den darin enthaltenen Mindestangaben gem. § 3 GmbHG. Dieser Gesellschaftsvertrag ist von allen Gesellschaftern zu unterschreiben und bedarf der notariellen Form (§ 2 Abs. 1 GmbHG). Darüber hinaus darf die Anmeldung der Unternehmergesellschaft (haftungsbeschränkt) erst dann erfolgen, wenn das Stammkapital in voller Höhe eingezahlt ist (§ 5 a Abs. 2 S. 1 GmbHG).

Das Stammkapital

Wie zuvor erwähnt, darf im Gegensatz zu der Gesellschaft mit beschränkter Haftung die Eintragung der Unternehmergesellschaft (haftungsbeschränkt) erst dann erfolgen, wenn das im Gesellschaftsvertrag angegebene Stammkapital in voller Höhe eingezahlt wurde. Folgt man dem § 5 a Abs. 1 GmbHG, hat die Unternehmergesellschaft (haftungsbeschränkt) ein Stammkapital, für welches eine Mindesthöhe einzuzahlen ist. An dieser Stelle kommt es nun zu der Besonderheit der UG (haftungsbeschränkt), denn sie darf das in § 5 Abs. 1 GmbHG vorgeschriebene Mindestkapital in der Höhe von 25.000 € unterschreiten. Aus § 5 Abs. 2 u. 3 GmbHG ergibt sich, dass lediglich der Nennbetrag jedes Geschäftsanteils auf volle Euro zu lauten hat und dessen Summe mit der des Stammkapitals übereinstimmen muss. Dies bedeutet, dass die Unternehmergesellschaft (haftungsbeschränkt) theoretisch bei einer Ein-Personen-Gründung mit einem Stammkapital von einem Euro ausgestattet werden kann. Es sei hier darauf hingewiesen, dass bei der UG (haftungsbeschränkt), anders als bei der GmbH, gem. § 5 a Abs. 2 S. 2 GmbHG Sacheinlagen ausgeschlossen sind. Ferner ist eine hälftige Einzahlung des Stammkapitals gem. § 5 a Abs. 2 GmbHG nicht gestattet und aufgrund der Tatsache, dass die Gesellschafter die Höhe frei bestimmen können, auch nicht notwendig.

Die Geschäftsführerbestellung

Gemäß § 6 Abs. 1 GmbHG muss die Gesellschaft einen oder mehrere Geschäftsführer haben, um die Handlungsfähigkeit der Gesellschaft herzustellen. Des Weiteren kann nur eine natürliche Person, die unbeschränkt geschäftsfähig ist, Geschäftsführer sein. Dies folgt aus § 6 Abs. 2 S.1 GmbHG.

Die Gesellschafter können grundsätzlich frei bestimmen, wen sie zum Geschäftsführer bestellen. Es darf sich hierbei jedoch nicht um Personen handeln, die gem. § 6 Abs. 2 S. 1 Nr. 3 GmbHG rechtskräftig einer Straftat verurteilt wurden oder gem. § 6 Abs. 2 S. 2 Nr. 2 GmbHG einem gerichtlichen oder behördlichen Berufs- oder Gewerbeverbot unterliegen. Verstoßen die Gesellschafter gegen die in § 6 Abs. 2 GmbHG genannten Vorschriften, hat dies die Nichtigkeit der Bestellung des Geschäftsführers zur Folge.

Der Geschäftsführer kann durch Gesellschaftsvertrag oder durch einen einfachen Beschluss der Gesellschafterversammlung bestellt werden. Die Bestellung bedarf der Zustimmung und Annahme des zukünftigen Geschäftsführers. Die Annahme kann grundsätzlich formfrei gegenüber den Gesellschaftern erklärt werden. Wird der Geschäftsführer bereits im Gesellschaftsvertrag bestimmt, so liegt die Annahme in der Unterzeichnung des Vertrages.

Die Gesellschafterliste

Gemäß § 8 Abs. 1 Nr. 3 GmbHG haben die Gesellschafter bei der Anmeldung des Unternehmens eine Liste aller Gesellschafter einzureichen. Aus dieser müssen Name, Vorname, Geburtsdatum, Wohnort, Nennbeträge sowie die laufenden Nummern der übernommenen Geschäftsanteile zu entnehmen sein. Darüber hinaus muss die Gesellschafterliste von dem/n Geschäftsführer/n unterzeichnet sein.

3.1.1.3 Gründungsverfahren

Das Gründungsverfahren der Unternehmergesellschaft (haftungsbeschränkt) umfasst eine Reihe von Aktivitäten, bevor die Gesellschaft als juristische Person existiert. Diese Schritte sind im Wesentlichen der Abschluss des Gesellschaftsvertrages in notarieller Form, die Bestellung der Geschäftsführer, die Einzahlung des Mindestbetrages auf die Stammeinlage, die Eintragung in das Handelsregister, die Prüfung der Eintragung durch das zuständige Registergericht sowie die Bekanntmachung der Eintragung. Ferner durchläuft die spätere Gesellschaft während der Gründungsphase verschiedene Rechtspersönlichkeiten. Vor dem Abschluss des notariell beurkundeten Gesellschaftsvertrages spricht man von der Vorgründungsgesellschaft. Diese hat zum wesentlichen Merkmal, dass sich mehrere Personen mit dem gemeinsamen Ziel, eine Gesellschaft zu gründen, zusammenschließen. Die Vorgründungsgesellschaft wird regelmäßig als Gesellschaft bürgerlichen Rechts, oder auch als OHG qualifiziert, dessen Zweck die Gründung der Gesellschaft ist. Haben die Gesellschafter den Gesellschaftsvertrag geschlossen, unterzeichnet sowie ihn gem. § 2 Abs. 1 GmbHG notariell beurkunden lassen, gilt die UG (haftungsbeschränkt) als errichtet. Die Gründer haben damit das Stadium der Vorgesellschaft, oder Vor-Unternehmergesellschaft genannt, erreicht. Dieses Rechtsgebilde wird auch als eine Rechtsform der eigenen Art (sui generis) bezeichnet. Für die Vor-Unternehmergesellschaft (haftungsbeschränkt) gelten bereits die in dem Gesellschaftsvertrag vereinbarten Rechte und Pflichten. Ferner finden alle Vorschriften des GmbH-Rechts, die nicht zwingend die Rechtsfähigkeit der Gesellschaft (Eintragung in das Handelsregister) voraussetzen, Anwendung. Erst mit der Eintragung in das Handelsregister ensteht die Gesellschaft als juristische Person (§ 11 Abs. 1 GmbHG).

Was die Handelsregistereintragung gem. § 7 Abs. 1 GmbHG betrifft, so sind folgende Punkte zu beachten:

Die Anmeldungen zur Eintragung in das Handelsregister müssen seit dem 01.01.2007 gem. § 12 Abs. 1 HGB elektronisch erfolgen und sind wie bisher in öffentlich beglaubigter Form einzureichen. Des Weiteren ordnet § 12 Abs. 2 HGB an, dass auch Dokumente in elektronischer Form einzureichen sind. Dies bedeutet, dass ebenso die in § 8 Abs. 1 – 4 GmbHG genannten Unterlagen der Anmeldung beizufügen sind. Um die geforderten Unterlagen in öffentlich beglaubigter Form und elektronisch einzureichen, werden die Dokumente von einem Notar mit einem einfachen elektronischen Zeugnis versehen (§ 39 a BeurkG) und an das Registergericht übermittelt.

Gemäß § 8 GmbHG sind die folgenden Dokumente zwingend bei der Anmeldung einzureichen: Der Gesellschaftsvertrag, die Legitimation des

Geschäftsführers, die Liste der Gesellschafter, die laufenden Nummern der Geschäftsanteile, die Geschäftsführerversicherung über die erbrachte Einlage, die Versicherung jedes Geschäftsführers, dass keine Bestellungshindernisse gem. § 6 Abs. 2 S. 2 Nr. 2 u. 3 GmbHG vorliegen, die Angabe der inländischen Gesellschaftsanschrift sowie die Angaben zur Vertretung (§ 35 GmbHG).

Wurden alle genannten Unterlagen formgerecht eingereicht, prüft das Registergericht gem. § 9 c GmbHG vor der Eintragung der Gesellschaft, ob der Gründungsvorgang den gesetzlichen Erfordernissen genügt. Bestehen seitens des Registergerichts keine Beanstandungen, erfolgt die Eintragung der Gesellschaft mit den in § 10 GmbHG aufgeführten Inhalten. Mit der Eintragung in das Handelsregister ist die Gesellschaft gem. § 13 GmbHG als juristische Person entstanden. Die Eintragung der Gesellschaft ist konstitutiv (rechtsbegründend), woraus folgt, dass die Gesellschaft gem. § 11 GmbHG vor der Eintragung als solche nicht bestand. Sollte die Vor-Unternehmergesellschaft (haftungsbeschränkt) zuvor tätig geworden sein, so gehen alle Verbindlichkeiten und Rechte auf die Unternehmergesellschaft (haftungsbeschränkt) über, ohne dass es eines gesonderten Übertragungsaktes bedarf. Ferner ist die Eintragung der Gesellschaft in das Handelsregister bekannt zu machen, da die Publizitätswirkung des Handelsregisters gem. § 15 HGB an diese anknüpft.

3.1.1.4 Gründungs- und Folgekosten

Trotz des Ziels der Bundesregierung, die Gründungskosten für Gesellschaften zu senken, werden sich diese auch in Zukunft bei der Unternehmergesellschaft (haftungsbeschränkt) nicht vermeiden lassen. In Bezug auf die Überschuldung der Gesellschaft sei an dieser Stelle jedoch anzumerken, dass die Gründer das Stammkapital der Gesellschaft nicht zu niedrig bemessen sollten, da sonst die Gefahr besteht, dass der Tatbestand der Überschuldung bereits kurz nach der Eintragung vorliegt. Was die Dauer der Gründung einer neuen Gesellschaft betrifft, wird diese, je nach Registerbezirk, zwischen zwei und fünf Tagen liegen. Die Gründungskosten für eine Unternehmergesellschaft (haftungsbeschränkt) liegen jedoch unter denen der GmbH, da sich die Notargebühren und Eintragungskosten an der Höhe der Stammeinlage bemessen. Folgt man den Einschätzungen in zahlreichen Publikationen, so werden die Gründungskosten bei Verwendung des Musterprotokolls voraussichtlich zwischen 149 Euro und 230 Euro liegen.

Diese Summe setzt sich bei einem Stammkapital von 1.000 Euro wie folgt zusammen:

- Erstellung und Beurkundung des Gesellschaftsvertrages: 10 Euro
- Beschluss über die Bestellung des Geschäftsführers: ist bereits in der Satzung enthalten, somit ist kein gesonderter Gesellschafterbeschluss notwendig
- Entwurf und Beglaubigung der Handelsregisteranmeldung: 10 Euro
- Erstellung der Gesellschafterliste: ist gem. § 2 Abs. 1 a Satz 4 GmbHG nicht notwendig
- Erstellung der elektronischen Strukturdaten und Einreichung aller Unterlagen beim Handelsregister: 25 Euro
- Umsatzsteuer: ca. 20 Euro
- Registergericht: 100 Euro
- Bekanntmachung der Eintragung: 1 Euro.

3.1.2 Gründung der Limited

3.1.2.1 Rechtsgrundlagen

Die für die Private Company Limited by Shares relevanten rechtlichen Regelungen finden sich primär im „Companies Act 2006". Nach dem „Companies Act 2006" wird jede gegründete Gesellschaft als Private Company Limited by Shares qualifiziert, es sei denn, sie erfüllt die strengeren Gründungsvoraussetzungen einer Public Limited Company (Sec. 4 CA 2006). Der „*Companies Act*" erfuhr im Jahr 2006 letztmalig eine grundlegende Reform, deren Regelungen im zweiten Quartal des Jahres 2008 in Kraft getreten sind. Der „*Companies Act*" enthält das materielle Gesellschaftsrecht der Limited sowie einen Mustergesellschaftsvertrag. Das britische Recht („*Common Law*") hat im Vergleich zum deutschen Recht eine weitere Besonderheit, denn es ist stark von dem richterlichen Fallrecht, dem so genannten „*Case Law*", geprägt. Dieses ist auch einschlägig für das Gesellschaftsrecht. Des Weiteren können hier als einschlägige Normen der „*Business Names Act 1985*", der „*Insolvency Act*

1986“, sowie der „*Company Directors Disqualification Act*“ erwähnt werden.

3.1.2.2 Gründungsvoraussetzungen

Zur Errichtung einer Limited wird mindestens ein Gründer benötigt, der jedoch kein britischer Staatsbürger sein muss (Sec. 7 (1) Companies Act 2006). Wird eine Limited von mehr als einer natürlichen Person gegründet, können sich auch juristische Personen an der Limited beteiligen. Weiterhin ist es notwendig, dass alle für die Gründung relevanten Dokumente bei dem *House of Companies* eingereicht werden. Eine detaillierte Darstellung des Gründungsverfahrens erfolgt in Unterpunkt c). Ferner kann die Gründung einer Limited, wie dies auch in Deutschland möglich ist, auf zwei Arten erfolgen. Die erste und wohl häufigste Art ist die Neugründung einer Gesellschaft. Die zweite Möglichkeit ist der Erwerb einer Vorratsgesellschaft, die sog. „*Shelf Company*“. Der Kauf einer Vorratsgesellschaft wird regelmäßig dann angewendet, wenn die Gründer unter enormen Zeitdruck stehen oder sich nicht mit dem Gründungsaufwand befassen wollen. Sowohl der Kauf einer Vorratsgesellschaft als auch die Gründung einer neuen Limited werden von zahlreichen Servicegesellschaften in Deutschland angeboten, um Existenzgründern diesen Ablauf zu erleichtern.

Die von den Gründern, auch *Promotors* genannt, beim *Companies House* in Cardiff einzureichenden „*Registration Documents*“ gem. Sec. 9 Companies Act 2006 sind:

Die Articles of Association

Dieses Dokument ist mit der im deutschen Recht vorherrschenden Satzung vergleichbar. Es regelt das Innenverhältnis der Gesellschaft sowie deren Leitung (Sec. 17 ff. CA 2006). Sollten die Gründer Schwierigkeiten beim Erstellen dieser *Articles* haben oder wollen sie Zeit sparen, so gibt es eine Mustersatzung (auch „*Table A*“ genannt gem. Sec. 19 CA 2006), welche von ihnen verwendet werden kann. Ein Muster der *Articles of Association* befindet sich im Anhang III dieser Arbeit.

Das Memorandum of Association (Sec. 8 Companies Act 2006)

Das *Memorandum of Association* hat seit der Reformierung des *Companies Act 1985* eine neue Funktion und dient nun lediglich als Absichtserklärung der Gesellschafter zur Gründung einer Gesellschaft. Ferner verpflichten sich die Gesellschafter mindestens einen Anteil an der Gesellschaft zu übernehmen (Sec. 8 (1) Companies Act 2006). Es ist jedoch ausreichend, wenn die Gesellschafter lediglich einen Penny pro Person einzahlen, da es keine vorgeschriebene Höhe des einzuzahlenden Kapitals gibt.

Das Statement of Compliance (Sec.13 Companies Act 2006)

Das *Statement of Compliance* ist eine Gesetzmäßigkeitserklärung. Sie gilt als Nachweis dafür, das alle materiell-rechtlichen Vorschriften des *Companies Act* zur Gründung der Gesellschaft eingehalten wurden. Sie ist vor einer Person abzulegen, die zur Abnahme von Eiden berechtigt ist. Dies sind in der Regel die „*Commissioner for Oaths*" (Eidesbeauftragter). Des Weiteren muss diese Erklärung von dem *Director* oder einem von ihm beauftragten Rechtsanwalt („*Solicitor*") unterzeichnet werden. Sollte gegen diese Vorschriften verstoßen werden, führt dies bei ganz evidenten Mängeln zu einer Zurückweisung des Antrags auf Eintragung der Gesellschaft.

Die Application for Registration (Sec. 9 Companies Act 2006)

Die *Application for Registration* ist zwar kein Bestandteil der Satzung, jedoch enthält sie seit der Reform des *Companies Act* im Jahr 2006 alle relevanten Informationen und Angaben, die gegenüber dem Gesellschaftsregister in Cardiff gemacht werden müssen. Diese Angaben sind: Name der Gesellschaft, Sitz und Art der Gesellschaft, Anschrift, Höhe der Anteile der Gründungsgesellschafter, Nennkapital, Erklärung zur Haftung bzw. deren Beschränkung, die Namen der ersten *Officers,* auch *Directors* genannt, sowie der des *Secretary* nebst dessen Einverständniserklärung.

Was die Namensgebung der Gesellschaft (Firma) angeht, unterliegt diese dem Gesellschaftsstatut und muss aus diesem Grund englischem Recht entsprechen. Im englischen Recht regelt das Gesellschaftsrecht die Firmierung im „Business Names Act 1985". Folgt man diesem, sind die Namen bei der englischen Limited nahezu frei wählbar. Es kann hier auf Namen von natürlichen Personen, Sachbezeichnungen, Phantasiebezeichnungen oder sogar auf eine Kombination aus allen zurückgegriffen werden. Der Name darf jedoch nicht anstößig sein, er darf keinen Straftatbestand verwirklichen, bereits von anderen Unternehmen verwendet werden, über den Sinn und Geschäftszweck der Gesellschaft täuschen, oder den Eindruck erwecken, als würde eine Verbindung zur Regierung oder zu Gemeinden bestehen. Andere wiederum dürfen nur mit ausdrücklicher Genehmigung verwendet werden (Sec. 53 ff. CA 2006). Es ist jedoch erforderlich, dass der Name der Gesellschaft als letztes Wort den Zusatz „Limited" oder die Abkürzung „Ltd." beinhaltet.

Bezüglich des Satzungssitzes der Gesellschaft muss dieser zwingend in Großbritannien sein, auch wenn die Gesellschaft ausschließlich im Ausland tätig ist. Dies muss jedoch nicht der tatsächliche Geschäftssitz (Verwaltungssitz) der Gesellschaft sein, denn das *Registered Office* ist vielmehr der offizielle Zustellungsort für amtliche Mitteilungen, sowie der Aufbewahrungsort für Geschäftsunterlagen („*Statutory Registers*"). Als *Registered Office* wird in der Praxis oftmals die Adresse eines englischen Rechtsanwaltes oder Steuerberaters angegeben. Es sei an dieser Stelle anzumerken, dass ein bloßes Postfach oder Briefkasten als *Registered Office* regelmäßig nicht ausreicht.

Der Gesellschaftszweck, auch „*Objects of the Company*" genannt, muss ebenfalls angegeben werden, hier ist im englischen Recht jedoch eine sehr allgemein gefasste Beschreibung ausreichend. So werden beispielsweise oftmals Zwecke wie: „*To carry on business in a general commercial company*" angegeben. Diese allgemeinen Formulierungen können jedoch bei der Eintragung einer Zweigniederlassung in das deutsche Handelsregister zu Komplikationen führen. Daher ist den Gründern zu raten, den Zweck der Gesellschaft von Anfang an klar und eindeutig zu formulieren, so dass es im Fall einer Handelsregistereintragung nicht zu derartigen Komplikationen kommt.

3.1.2.3 Gründungsverfahren

Die Gründung einer britischen Private Limited Company by Shares erfolgt im Vergleich zu der deutschen GmbH verhältnismäßig zeitnah. So beträgt die Gründungsdauer i.d.R. zwischen sieben und vierzehn Tagen. Es kann ferner ein Expressverfahren angewendet werden um die Limited innerhalb eines Tages zu gründen. Sind die zuvor in Punkt b) aufgeführten Dokumente bei dem zuständigen *Companies House* physisch oder auch elektronisch eingereicht worden, werden sie von dem zuständigen „*Registrar*", vergleichbar mit einem deutschen Rechtspfleger, auf ihre Vollständigkeit und rechtliche Zulässigkeit geprüft. Die Gesellschaft muss folglich für einen rechtmäßigen Zweck („*for a lawfull purpose*" gem. Sec. 7 (2) CA 2006) gegründet werden. Diesen rechtmäßigen Zweck hat der *Registrar* zu prüfen, die Möglichkeiten der Überprüfbarkeit sind hingegen auf die eingereichten Dokumente limitiert. Sollten diese fehlerfrei und der Zweck der Gesellschaft rechtsmäßig sein, stellt der *Registrar* das "*Certificate of Incorporation*" aus. Dies ist die Gründungsurkunde der Limited, deren Wortlaut wie folgt ist:

„Der Registrar of Companies bescheinigt hiermit, dass die xxxxxx Limited an diesem Tage gemäß dem Companies Act gegründet wurde und dass Ihre Haftung beschränkt ist“.

Das *Certificate of Incorporation* kann als Geburtsurkunde der Limited bezeichnet werden und beweist, dass die Limited an dem in der Urkunde angegebenen Tag rechtskräftig entstanden ist. Dies bedeutet jedoch vice versa, dass vor diesem Tage keine Limited existierte, weder in Form einer Gründungsgesellschaft oder einer Gesellschaft sui generis, noch in der Form einer Personengesellschaft wie z.B. dem *Partnership*. Somit stellen sich im englischen Recht nicht die komplizierten Probleme der Vorgründungsgesellschaft, wie dies im deutschen Recht der Fall ist.

Handelt also einer der *Directors* vor der vollendeten Gründung, so greift hier die Handelndenhaftung. Es haftet also derjenige, der die für die Gesellschaft betreffenden Geschäfte abgeschlossen hat, persönlich und gesamtschuldnerisch (Sec. 51 Companies Act 2006). Ferner ist die Gründung einer Limited nach der Ausstellung der Gründungsurkunde nicht mehr anfechtbar. Dies hat zur Folge, dass die im deutschen Recht vorhandene unwirksame Gesellschaftsgründung der sogenannten faktischen Gesellschaft mit ihren unterschiedlichen Wirkungen im Innen- und Außenverhältnis vermieden wird. Somit kann die Limited von dem Tag der Ausstellung des *Certificate of Incorporation* ihre Geschäftstätigkeit voll entfalten.

3.1.2.4 Eintragung einer Zweigniederlassung in Deutschland

Will die Limited auch in Deutschland ihre Geschäftstätigkeit aufnehmen, ist dies an weitere Formvorschriften gekoppelt und die *Directors* müssen die Eintragung einer Zweigniederlassung in das Handelsregister beantragen. Wie schon zuvor im Kapitel B erläutert, ist die Identifikation des anwendbaren Rechts nicht immer einfach, denn es knüpfen zahlreiche deutsche Normen an den Gesellschaftssitz an. So bestimmt beispielsweise der Gesellschaftssitz den Gerichtsstand, die unbeschränkte Steuerpflicht, die Möglichkeiten zur Umwandlung der Gesellschaft, etc. Weiterhin muss die englische Limited gewisse Voraussetzungen erfüllen, damit in Deutschland eine Zweigniederlassung anerkannt wird. Die Gesellschaft muss eine Tätigkeit von gewisser Dauer ausüben, die auch der Tätigkeit der wesentlichen Geschäftsbereiche der Hauptniederlassung entspricht. Ferner muss die Zweigniederlassung räumlich, organisatorisch sowie personell selbständig sein. Ist die Limited ausschließlich in Deutschland tätig und hat in England lediglich ihren registrierten Sitz, so erfüllt sie die Voraussetzungen der Zweigniederlassung.

Liegen die Voraussetzungen zur Eintragung einer Zweigniederlassung vor, hat dies gem. § 13 c Abs. 2 Satz 1 HGB die Pflicht zur Eintragung zur Folge. Sollte dieser Pflicht nicht nachgekommen werden, kann dieser Verstoß auch von dem zuständigen Registergericht mit einem Zwangsgeld gem. § 14 HGB, §§ 132 ff. EGG sanktioniert werden. Was die Eintragung in das Handelsregister angeht, hat diese in öffentlich beglaubigter Form zu erfolgen (§ 12 Abs. 1 HGB).

Diese Beglaubigung erfolgt regelmäßig durch einen deutschen Notar (§ 129 Abs. 1 Satz 1 BGB und §§ 40 f. BeurkG), sie kann jedoch auch durch einen ausländischen Notar vorgenommen werden. Voraussetzung ist, dass die Beglaubigung den formalen Anforderungen des deutschen Rechts genügt. Dies gilt losgelöst davon, ob und inwieweit eine notarielle Beurkundung eines Rechtsgeschäfts im Ausland erfolgen kann. Zusätzlich sind der Anmeldung eine Reihe weiterer öffentlich zu beglaubigender Anlagen beizufügen, wie z.B. die *Articles of Association* und deren deutsche Übersetzung, gem. § 13 g Abs. 2 S. 1 HGB.

Ferner bestehen für die deutsche Zweigniederlassung der Limited weitere Pflichten, wie z.B. die Pflichtmitgliedschaft bei der Industrie und Handelskammer gem. § 2 Abs. 1 IHKG, die Anmeldung eines Gewerbes beim zuständigen Gewerbeamt oder die Beantragung der Steuer- sowie Umsatzsteuernummer beim zuständigen Finanzamt. Plant die Limited eine innergemeinschaftliche Geschäftstätigkeit auszuüben, hat sie zudem die internationale Umsatzsteueridentifikationsnummer zu beantragen.

3.1.2.5 Gründungs- und Folgekosten

Was die Gründungskosten der Limited betrifft, so liegen diese bei der Standardeintragung bei 20 Pfund (22,19€). Sollte ein Eilantrag für die Eintragung am gleichen Tag gestellt werden, liegt die Gebühr für diesen bei rund 50 Pfund (55,48€). Die Anmeldegebühren für eine Zweigniederlassung in Deutschland bemessen sich an der Höhe des Stammkapitals der Gesellschaft.

Entscheiden sich die Gründer für die Inanspruchnahme eines Dienstleisters, liegen die Gebühren im Durchschnitt bei ca. 500 Euro. Dieser Betrag setzt sich wie folgt zusammen: die Gründungskosten selbst werden mit ca. 260 Euro veranschlagt, die Beglaubigung der englischen Dokumente liegt bei ca. 20 Euro, die deutsche Übersetzung dieser kostet ca. 30 Euro, die Kosten zur Eröffnung eines Bankkontos in England belaufen sich auf ca. 50 Euro, die Registrierung zur englischen Mehrwertsteuer kostet ca. 60

Euro und der Aufwand für den *Secretary* und weitere Verwaltungskosten liegt im Jahr bei ca. 300 - 1.500 Euro.

3.1.3 Abschließende Betrachtung

Betrachtet man abschließend die Unternehmergesellschaft und die Limited in ihren Gründungs- und Entstehungsphasen, lässt sich Folgendes festhalten:

Von den Gründungsagenturen wird oftmals als Vorteil der Limited der Faktor der Zeit- und Kostenersparnis angeführt. Betrachtet man dieses Argument der Kostenersparnis im Detail, fällt auf, dass sich zu den eigentlichen Gründungsgebühren, welche vom *Companies House* erhoben werden, noch zahlreiche weitere Kosten ergeben, wie z.B. Übersetzungskosten für die einzureichenden Dokumente beim Handelsregister und die nicht unbeachtlichen Kosten für die Eintragung der Zweigniederlassung in Deutschland. Stellt man die anfallenden Gründungskosten der Limited denen der Unternehmergesellschaft (haftungsbeschränkt) oder der klassischen GmbH gegenüber, dürften diese nur in seltenen Fällen unter denen der Unternehmergesellschaft (haftungsbeschränkt) liegen. Des Weiteren dürfen bei der Limited die entstehenden Folgekosten nicht außer Acht gelassen werden, welche das *Registered Office*, den *Auditor* sowie zahlreiche jährlich wiederkehrende Publikationspflichten umfassen.

Was den Zeitaufwand während des Gründungsprozesses anbelangt, hat die Limited hier momentan noch vermeintlich einen Vorteil, es bleib jedoch abzuwarten, wie sich dies bei der Unternehmergesellschaft (haftungsbeschränkt) in Zukunft entwickeln wird. Denn als Herzstück der MoMiG-Reform stand vor allem die Beschleunigung und Vereinfachung der GmbH-Gründung im Vordergrund, um primär die (tatsächliche oder vermeintliche) Konkurrenz zur Limited zu kompensieren.

Ferner kann bereits heute gesagt werden, dass sich die Dauer der Unternehmensgründung in der Vergangenheit erheblich reduziert hat. Dies ist vor allem auf die elektronische Handelsregistereintragung, welche am 01.01.2007 eingeführt wurde, zurückzuführen. Im neueren Schrifttum sprechen die Autoren bereits von einer Eintragungszeit von einem bis drei Tagen. Ein weiterer Faktor, welcher die Beschleunigung des Gründungsprozesses vorantreiben wird, ist der ersatzlose Wegfall der Vorlagepflicht von gewerblichen Genehmigungsurkunden beim Handelsregister (§ 8 Abs. 1 Nr. 6 GmbHG). Betrachtet man diese Faktoren, kann schon heute nicht mehr von einer langen Verfahrensdauer gesprochen werden.

Bei der Limited ist es hingegen möglich, diese in einem sog. Expressverfahren binnen 24 Stunden zu gründen und in das Register beim *Companies House* eintragen zu lassen. Als Nachteil kann die Transparenz der Gesellschaft angeführt werden, denn aufgrund der fehlenden Identitäts- und Authentizitätsprüfung bei der Anmeldung zur Eintragung der Limited ist es in der Vergangenheit schon zu zahlreichen Betrugsfällen gekommen („*company hijacking*“ oder auch „*company identity theft*“). In diesen Betrugsfällen haben unberechtigte Personen Eintragungen hinsichtlich fremder Gesellschafter veranlasst. Dass es bei der Limited zu derartigen Vorfällen kommen kann, liegt primär daran, dass bei der Prüfung des englischen Registergerichts eine materielle Rechtsmäßigkeitskontrolle nicht stattfindet.

Das Argument, durch dass die Limited in der Vergangenheit bei Gründern beliebt wurde, war die Höhe des zu leistenden Stammkapitals, welches bei der Limited lediglich „einen Penny“ betragen muss. Genau diesem Argument ist die Bundesregierung mit der neu eingeführten Unternehmergesellschaft (haftungsbeschränkt) entgegengetreten und ermöglicht es nun, eine haftungsbeschränkte Gesellschaft mit einem Stammkapital von lediglich einem Euro „schnell, preiswert, und unkompliziert“ zu gründen, um so dem Gründungsboom der Limited Einhalt zu gebieten.

Aus meiner Sicht sollte im direkten Vergleich der Gründung, Entstehung und unter besonderer Berücksichtigung der Gründungs- und Folgekosten der Unternehmergesellschaft (haftungsbeschränkt) der Vorzug gegeben werden. Grund hierfür ist, dass die Limited zahlreiche, von Beratern und Gründungsagenturen oft verschwiegene Folgekosten verursacht, welche akkumuliert betrachtet weit höher ausfallen können als die Gründungskosten der UG (haftungsbeschränkt). Des Weiteren haften die Handelnden der Limited bis zum Zeitpunkt der Ausstellung des *Certificate of Incorporation* und auch danach mit ihrem gesamten Privatvermögen für die bereits vor der Eintragung aufgenommenen Geschäfte. Dies ist bei der UG (haftungsbeschränkt) nicht der Fall, denn folgt man der Rechtsprechung, gehen mit der Eintragung in das Handelregister sowohl das gesamte Vermögen als auch die Verbindlichkeiten auf die Gesellschaft über. Dies ist ein klarer Vorteil für die deutsche Rechtsform.

3.2 Organisation und Verfassung

3.2.1 Organisationsverfassung der Unternehmergesellschaft (haftungsbeschränkt)

Die Unternehmergesellschaft (haftungsbeschränkt) ist eine eigenständige juristische Person, deren Haftung sich gem. § 13 Abs. 1 u. 2 GmbHG auf das Gesellschaftsvermögen beschränkt. Sie ist eine Körperschaft, die eine unabhängige Organisation aufweist. Sie handelt als juristische Person durch ihre Organe, bei denen die Gesellschafterversammlung das oberste Willensbildungsorgan darstellt (§§ 45, 46, 53 ff. GmbHG), sowie die Geschäftsführer, die die GmbH nach Außen vertreten (§ 35 GmbHG). In den folgenden Unterpunkten sollen die Organe, deren Aufgaben, Rechte und Pflichten sowie die Haftung näher erläutert werden.

3.2.1.1 Gesellschafterversammlung

Zuständigkeit der Gesellschafterversammlung

Das oberste Willensbildungsorgan der Gesellschaft bildet die Gesamtheit der Gesellschafter in der Gesellschafterversammlung (§ 48 GmbHG). Die Gesellschafterversammlung trifft ihre Entscheidungen gem. § 48 Abs. 1 GmbHG durch Beschluss und wird gem. § 49 Abs. 1 GmbHG durch den Geschäftsführer mittels eingeschriebener Briefe (§ 51 Abs. 1 GmbHG) einberufen. Die Pflicht zur Einberufung der Gesellschafterversammlung ergibt sich aus der Satzung und aus dem Gesetz. Sie muss mindestens einmal im Jahr zur Feststellung des Jahresabschlusses einberufen werden. Die Zuständigkeiten und Kompetenzen der Gesellschafterversammlung sind zum Teil aus gesetzlichen Vorschriften zu entnehmen. Als Beispiele können genannt werden: Die Satzungsänderung gem. § 53 GmbHG sowie die Auflösung der Gesellschaft gem. § 60 Nr. 2 GmbHG. Darüber hinaus sind der Gesellschafterversammlung die Entscheidung über zu zahlende Nachschüsse gem. §§ 26, 28 GmbHG, die Bestellung und Abberufung des Geschäftsführers gem. § 46 Nr. 5 GmbHG sowie die Bestellung von Liquidatoren gem. § 66 GmbHG vorbehalten. Ferner unterliegen ihr die in § 46 GmbHG aufgeführten Obliegenheiten: Die Feststellung des Jahresabschlusses, die Verwendung des Ergebnisses, Teilung sowie Einziehung von Geschäftsanteilen, die Bestellung von Prokuristen und anderen Handlungsbevollmächtigten sowie die Geltendmachung von Ersatzansprüchen gegen Geschäftsführer oder Gesellschafter aus Gründen der Geschäftsführung. Eine weitere Funktion der Gesellschafterversammlung ist die Überwachungs- und Weisungskompetenz gegenüber den Geschäftsführern.

Die Gesellschafter

Gesellschafter einer Unternehmergesellschaft (haftungsbeschränkt) kann jede natürliche oder juristische Person sein. Die Gesellschafterstellung entsteht durch die Unterzeichnung des Gesellschaftervertrages sowie durch die Übernahme einer Stammeinlage. Weiterhin besteht die Möglichkeit, der Gesellschaft zu einem späteren Zeitpunkt beizutreten. Dies kann z.B. bei Kapitalerhöhungen der Fall sein. Eine Beteiligung an der Stammeinlage der Gesellschaft begründet somit die Rechtsstellung als Gesellschafter.

Was die Rechte und Pflichten der Gesellschafter anbelangt, so stehen ihnen zum Beispiel gewisse Vermögensrechte zu, welche das Recht auf Teilhabe am Gewinn sowie am Liquidationserlös begründen. Zudem haben sie ein bevorzugtes Bezugsrecht bei einer anstehenden Kapitalerhöhung der Gesellschaft. In Bezug auf die Vermögensrechte und Pflichten müssen die Gesellschafter der Gesellschaft das notwendige Kapital zur Verfügung stellen und dürfen dieses auch nach der Einzahlung durch Rückgewähr der Einlage nicht verringern. Das Verbot der Rückgewähr der Einlage soll den Gläubigerinteressen dienen sowie die ordnungsgemäße Erbringung und Erhaltung des Eigenkapitals der Gesellschaftgewährleisten. Als Vermögensrechte können hier der Anspruch auf den Jahresüberschuss im Verhältnis zu den Geschäftsanteilen sowie der Anspruch auf Auszahlung der Liquidationserlöse angeführt werden. Nach dem GmbHG sind die Gesellschafter als solche weder geschäftsführungs- noch vertretungsberechtigt, sie handeln vielmehr in den Angelegenheiten der Gesellschaft nach den Maßgaben des Gesellschaftsvertrages. Das Handeln der Gesellschafter richtet sich, soweit nicht anders im Gesellschaftsvertrag vereinbart, nach den Vorschriften der §§ 46 bis 51 b GmbHG.

Damit die Gesellschafter von ihrem wichtigsten Mitgliedschaftsrecht, dem Stimmrecht, Gebrauch machen können, müssen sie über die die Gesellschaft betreffenden Angelegenheiten hinreichend informiert sein. Dieses Informationsrecht ist in § 51 a GmbHG geregelt und gewährt den Gesellschaftern Auskunfts- und Einsichtsrechte, welche nicht beschränkbar sind. Ferner haben die Gesellschafter das Wettbewerbsverbot sowie die gesellschaftsrechtliche Treuepflicht einzuhalten.

Haftung der Gesellschafter

Als Wesensmerkmal für die Unternehmergesellschaft (haftungsbeschränkt) ist herauszustellen, dass für die Verbindlichkeiten der Gesellschaft aus Rechtsgeschäften oder kraft Gesetzes grundsätzlich nur das

Vermögen der Gesellschaft haftet, nicht jedoch die Gesellschafter persönlich (§ 13 Abs. 2 GmbHG). Auf das private Vermögen der Gesellschafter kann folglich nicht zugegriffen werden. Dies bringt auch das sog. Trennungsprinzip in Absatz 1 u. 2 des § 13 GmbHG zum Ausdruck, welches die personen- und vermögensrechtliche Selbstständigkeit der Gesellschaft gegenüber ihren Gesellschaftern beschreibt. Die unmittelbare persönliche Haftung wird hingegen nur dann angenommen, wenn vertragliche oder deliktische Tatbestände erfüllt sind. Dieses können Schuldübernahmen, Bürgschaften eines Gesellschafters oder unerlaubte Handlungen sein. Zudem gibt es die folgenden Tatbestände, die zu einer persönlichen Haftung der Gesellschafter führen können: Die Durchgriffshaftung mit ihren Unterarten, wie die Existenzvernichtungshaftung, die Vermögensvermischung, die materielle Unterkapitalisierung sowie den Haftungstatbestand der vorsätzlichen sittenwidrigen Schädigung.

1. Die Existenzvernichtungshaftung

Seit dem BGH-Urteil zum Fall des „Bremer Vulkans“, wurde die Haftung aus qualifiziertem faktischen Konzern aufgegeben, welche zuvor in Deutschland vorherrschend war. Nun wurde die Haftung wegen eines existenzvernichtenden Eingriffs eingeführt. Nach dieser Variante der Haftung haftet der Gesellschafter persönlich für die Verbindlichkeiten der Gesellschaft, wenn er die Zweckbindung des Gesellschaftskapitals missachtet und der Gesellschaft durch Entnahmen die Vermögenswerte entzieht, die sie zur Erfüllung von Verbindlichkeiten benötigt. Durch dieses Handeln verliert der Gesellschafter den Anspruch, sich auf die in § 13 Abs. 2 GmbHG kodifizierte Haftungsbeschränkung zu berufen.

2. Die Durchgriffshaftung bei Vermögensvermischung

Der Haftungstatbestand wegen Vermögensvermischung kommt dann in Betracht, wenn die Abgrenzung des Gesellschaftskapitals zum Privatvermögen verschleiert wurde. Daraus folgt, dass die gesetzlich vorgeschriebenen Kapitalerhaltungsvorschriften nicht funktionieren. Diese von den Gesellschaftern zu verantwortende Vermögensvermischung kann aufgrund unzureichender Buchführung zu einer Unkontrollierbarkeit der Zahlungsvorgänge führen. Mit dem Urteil vom 14.11.2005 hat der Bundesgerichtshof diesen Haftungstatbestand losgelöst von der Durchgriffshaftung wegen existenzvernichtenden Eingriffs bestätigt. Diese Art der unmittelbaren Haftung der Gesellschafter kommt insbesondere dann zum Tragen, wenn eine Buchhaltung gänzlich fehlt.

3. Die materielle Unterkapitalisierung

Über den Tatbestand der Haftung wegen materieller Unterkapitalisierung herrscht in der Literatur Uneinigkeit. Unter dem Begriff der Unterkapitalisierung versteht man eine unzureichende Eigenkapitalausstattung der Gesellschaft für ihre Belange. Die höchstrichterliche Rechtsprechung hält sich zu dieser Rechtsfigur eher zurück und nimmt eine solche Haftung momentan nur unter den Voraussetzungen des § 826 BGB an, welcher eine vorsätzliche sittenwidrige Schädigung erfordert.

3.2.1.2 Geschäftsführer

Gemäß § 6 Abs. 1 GmbHG muss jede Gesellschaft einen oder mehrere Geschäftsführer haben. Die gesellschaftsrechtliche Besonderheit des Geschäftsführers ist seine Doppelstellung. Diese ist dadurch gekennzeichnet, dass er sowohl ein Organ der Gesellschaft darstellt, als auch Dienstnehmer ist. Geschäftsführer einer Unternehmergesellschaft (haftungsbeschränkt) kann gem. § 6 Abs. 2 GmbHG nur eine natürliche und unbeschränkt geschäftsfähige Person werden. Ferner darf eine Person dann nicht zum Geschäftsführer bestellt werden, wenn sie gegen eine der in § 6 Abs. 2 GmbHG geregelten zwingenden persönlichen Voraussetzungen verstößt. Des Weiteren gelten die in § 6 Abs. 2 GmbHG genannten Voraussetzungen für die Bestellung und Abberufung des Geschäftsführers, welche im Rahmen des MoMiG erweitert wurden.

Bestellung des Geschäftsführers

Die Bestellung des Geschäftsführers ist der gesellschaftsrechtliche Akt, durch den eine natürliche Person zum Vertretungsorgan der Gesellschaft ernannt wird. Der Geschäftsführer wird von den Gesellschaftern im Rahmen der Gesellschafterversammlung oder kraft des Gesellschaftsvertrages bestellt (§ 6 Abs. 3 S. 2 GmbHG). Somit erfolgt die Bestellung bereits vor der Eintragung in das Handelsregister. Sie ist eine eintragungspflichtige Tatsache, damit Dritte die Vertretungsverhältnisse der Gesellschaft prüfen können. Darüber hinaus kann der Geschäftsführer einer deutschen UG (haftungsbeschränkt) von dem Verbot des Insichgeschäfts i.S.d. § 181 BGB befreit werden. Ein Insichgeschäft liegt regelmäßig dann vor, wenn der Geschäftsführer bei einem Abschluss eines Rechtsgeschäftes auf beiden Seiten mitwirkt. Diese Befreiung muss allerdings in das Handelsregister eingetragen werden.

Die Abberufung des Geschäftsführers

Die Abberufung des Geschäftsführers ist ebenso wie seine Bestellung Aufgabe der Gesellschafterversammlung (§ 46 Nr. 5 GmbHG). Des Weiteren kann die Bestellung des Geschäftsführers mangels anderweitiger Bestimmungen im Gesellschaftsvertrag jederzeit und ohne besonderen Grund gem. § 38 Abs. 1 GmbHG widerrufen werden. Die Abberufung ist jedoch abstrakt von dem bestehenden Dienstvertrag des Geschäftsführers zu betrachten und hat keinen Einfluss auf dessen Fortbestand.

Leitungsbefugnisse, Rechte und Pflichten des Geschäftsführers

Dem Geschäftsführer unterliegt die gesamte Leitung der Gesellschaft. Ferner hat er dafür Sorge zu tragen, dass die Gesellschaft alle persönlichen und sachlichen Mittel zur Verfügung hat, die einen effizienten, reibungslosen und gewinnorientierten Ablauf gewährleisten. Weiterhin vertritt er die Gesellschaft gem. § 35 Abs. 1 S. 1 GmbHG im Rahmen der organischen Vertretungsmacht gerichtlich und außergerichtlich. Seine Vertretungsbefugnis darf gem. §§ 35, 37 GmbHG nicht eingeschränkt werden, sie gilt hingegen nur Dritten gegenüber. Daher sind in § 46 GmbHG eine Reihe von Aufgaben aufgeführt, die der Gesellschafterversammlung vorbehalten sind. Daraus folgt, dass das rechtliche „Können“ (Vertretungsmacht) von dem rechtlichen „Dürfen“ (Geschäftsführungsbefugnis) zu differenzieren ist (§ 37 GmbHG).

Was die Pflichten des Geschäftsführers anbelangt, so weist ihm das Gesetz folgende Pflichten zu: Die Aufstellung des Jahresabschlusses (§ 264 Abs. 1 HGB), die Einberufung der Gesellschafterversammlung (§ 49 Abs. 1 GmbHG), die Pflicht zur ordnungsgemäßen Buchführung (§ 41 GmbHG), die Verhinderung von Auszahlungen zu Lasten des Eigenkapitals der Gesellschaft, die Verhinderung eines verbotenen Eigenerwerbs von Gesellschaftsanteilen (§ 33 GmbHG), das Verbot der Selbstkontraktion (§ 181 BGB) sowie die Antragsstellung zur Eröffnung des Insolvenzverfahrens (§ 64 Abs. 1 GmbHG). Ferner hat der Geschäftsführer eine gewisse Treuepflicht gegenüber der Gesellschaft, die die bestmögliche Verwirklichung des Gesellschaftszwecks verlangt und den Geschäftsführer dazu anhält, nicht zum Nachteil der Gesellschaft zu handeln oder seine persönlichen Interessen in den Vordergrund zu stellen.

Die gewöhnlichen Geschäftsführungsaufgaben sind: Beschaffung, Produktion und Absatz, Personalmaßnahmen, Verwaltung der Finanzen, Controlling, Risikomanagement, eine umfassende Information der Gesellschafter i.S.d. § 49 Abs. 2 u. 3 GmbHG sowie die Durchführung von Gesellschafterbeschlüssen.

Haftung des Geschäftsführers

Die Haftungsfrage des Geschäftsführers einer Gesellschaft kann in zwei Bereiche aufgeteilt werden, in die Innen- sowie die Außenhaftung. Während bei der Innenhaftung der Geschäftsführer gegenüber den Gesellschaftern verantwortlich

ist, kann bei der Außenhaftung eine unmittelbare Schadensersatzpflicht gegenüber Außenstehenden Dritten entstehen.

1. Die Innenhaftung gem. § 43 GmbHG

a) Haftung gegenüber der Gesellschaft:

Verletzt ein Geschäftsführer die ihm auferlegten Obliegenheiten und Pflichten (siehe Kap. D. II cc)), haftet er der Gesellschaft für den daraus entstandenen Schaden persönlich. Sollte die Gesellschaft mehrere Geschäftsführer bestellt haben, so haften diese solidarisch, was sich aus § 34 Abs. 2 GmbHG ergibt. Des Weiteren haftet der Geschäftsführer gegenüber der Gesellschaft bei dem Tatbestand der Insolvenzverschleppung gem. § 64 GmbHG. Dies ist regelmäßig dann der Fall, wenn die Geschäftsführer versuchen, die Insolvenzmasse zu schmälern, indem Zahlungen erst nach Eintritt der Zahlungsunfähigkeit vorgenommen werden. Sollte die Gesellschaft zahlungsunfähig werden, hat der Geschäftsführer eine Insolvenzantragspflicht, die seit der MoMiG-Reform in § 15 a InsO kodifiziert ist. Kommt der Geschäftsführer dieser Verpflichtung nicht rechtzeitig nach, greift eine Schadensersatzhaftung wegen Insolvenzverschleppung gem. § 823 Abs. 2 BGB i.V.m. § 15 a InsO. Die Pflichtverletzungen des Geschäftsführers müssen vorsätzlich oder fahrlässig erfolgt sein. Als Maßstab gilt hier die objektive Sorgfalt eines ordentlichen Geschäftsmannes. Es kommt nicht auf Eigenschaften wie Alter, Berufserfahrung, Unkenntnis oder gar Unfähigkeit an. Es werden jedoch Kriterien wie Zweck, Größe und wirtschaftliche Situation des Unternehmens sowie die Bedeutung der Geschäftsführungsmaßnahme in Betracht gezogen.

b) Haftung gegenüber den Gesellschaftern:

Der Geschäftsführer haftet den Gesellschaftern gegenüber in der Regel nicht unmittelbar. Seine Pflichten dienen nicht dem Schutz der Gesellschafter, da § 43 GmbHG kein Schutzgesetz i.S.d. § 823 Abs. 2 BGB ist. Die Gesellschafter können Ansprüche gegen den Geschäftsführer dann geltend machen, wenn dieser gegen § 266 StGB und § 84 GmbHG verstoßen hat, dadiese Schutzgesetze darstellen. Einen weiteren Sonderfall stellt der Regressanspruch aus § 31 Abs. 6 GmbHG dar. Demnach haftet der Geschäftsführer für Auszahlungen des Stammkapitals an die Gesellschafter, die er schuldhaft entgegen dem Verbot nach § 30 GmbHG getätigt hat.

2. Die Außenhaftung

Was die Außenhaftung oder auch Haftung gegenüber Dritten betrifft, besteht diese nur nach den allgemeine

n zivilrechtlichen Regeln, insbesondere bei deliktischem Verhalten. Zudem kann der Geschäftsführer gegenüber Gläubigern haften, wenn er nicht rechtzeitig die Insolvenz angemeldet hat und Dritte durch das Unterlassen des Geschäftsführers einen Schaden erlitten haben (§ 823 Abs. 2 BGB i.V.m. § 64 Abs. 1 GmbHG, ggf. strafbar nach § 84 Abs. 1 Nr. 2 GmbHG).

Ein weiterer Aspekt ist die persönliche Haftung des Geschäftsführers bei vorsätzlich nicht abgeführten Arbeitnehmeranteilen zur Sozialversicherung sowie bei der Verletzung von Steuerpflichten der Gesellschaft.

3.2.1.3 Der Aufsichtsrat gem. § 52 GmbHG

Das GmbHG als solches schreibt keinen Aufsichtsrat vor, sondern überlässt es vielmehr den Gesellschaftern, die einen solchen durch den Gesellschaftsvertrag bestimmen können und seine Zuständigkeiten und Zusammensetzung frei wählen dürfen. Somit ist der Aufsichtsrat bei der Unternehmergesellschaft (haftungsbeschränkt) laut dem GmbHG fakultativ. Die Funktion eines Aufsichtsrates ist es, die Geschäftsführung gem. § 111 AktG analog zu überwachen. Für den Aufsichtsrat gelten die in § 52 GmbHG genannten Vorschriften des Aktiengesetzes soweit im Gesellschaftsvertrag nichts anderes bestimmt ist. Der Aufgabenbereich des obligatorischen Aufsichtsrates wird in dem Kapitel zur Mitbestimmung detaillierter behandelt.

3.2.2 Organisationsverfassung der Limited

Die Private Company Limited by Shares ist wie die deutsche Gesellschaft mit beschränkter Haftung eine juristische Person. Sie handelt ebenso wie die GmbH durch ihre Organe. Die gesetzlich vorgeschriebenen Organe sind die Gesellschafterversammlung („*General Meeting*“) und die *Directors* der Limited. Die Rechte und Pflichten der Organe im Innen- und Außenverhältnis richten sich nach dem Gesellschaftsstatut und sind somit nach britischem Recht zu beurteilen. Die Aufgaben und der Haftungsumfang der einzelnen Organe der Limited sollen in dem folgenden Kapitel ausführlich erörtert werden.

3.2.2.1 Members und General Meetings

Zuständigkeit des General Meetings

Der Begriff des „*General Meetings*" ist mit dem der deutschen Gesellschafterversammlung vergleichbar. Es gilt hierbei jedoch zwei Arten der Versammlung zu unterscheiden. Die erste ist das „*Annual General Meeting*", welches die ordentliche Jahreshauptversammlung ist. Die zweite Art ist die außerordentliche Gesellschafterersammlung, welche als „*Extraordinary General Meeting*" bezeichnet wird. Grundsätzlich gilt, dass die Gesellschaft ihre Entscheidungen durch die Gesellschafterversammlung trifft. Auch bei den Vorschriften des „*General Meetings*" hat sich seit der Reform des *Companies Act* eine erhebliche Änderung ergeben. Seit dem Jahr 2007 können die „*Private Companies*", zu denen auch die hier behandelte Limited zählt, von dem „*Annual General Meeting*" absehen. Im Companies Act 2006 sind in Sec. 336 lediglich die Vorschriften zur Abhaltung des „*General Meetings*" der *Public Companies* enthalten. Als Neuerung, die zur Erleichterung des Ablaufes führen sollte, wurde die Beschlussfassung über die sog. „*written resolution*" eingeführt. Eine solche ist ein Beschluss der Gesellschafter, welcher nur im schriftlichen Verfahren gefasst wird. Des Weiteren gibt es seit der Reform des *Companies Act* nur noch die Beschlussformen der „*ordinary resolutions*" (Sec. 282 CA 2006), welche bei der Abstimmung lediglich eine einfache Mehrheit (+50%) erfordert, sowie die der „*special resolutions*" (Sec. 283 CA 2006), für welche 75 Prozent der abgegebenen Stimmen benötigt werden.

Die Zuständigkeit des *General Meetings* umfasst die Bestellung der „*Directors*", die Bestellung des „*Auditors*" (vergleichbar mit einem deutschen Rechnungsprüfer), die Änderungen der „*Articles of Association*", die Änderung der Firmenbezeichnung, die Änderung des Kapitals, die Entgegennahme des Jahresabschlusses sowie den Beschluss zur Auflösung der Gesellschaft.

Members

Die Gesellschafter einer Limited werden als „*Members*" (Sec. 112 CA 2006) bezeichnet und sind durch Anteile am Eigenkapital der Gesellschaft als Eigentümer zu qualifizieren. Die Rechte der Gesellschafter ergeben sich grundsätzlich aus den „*Articles of Association*". Sie fällen ihre Entscheidungen im „*General Meeting*". Zählen die Gesellschafter zu den Gründungsmitgliedern, nennt man diese „Subscriber". Der *Companies Act* gesteht den „*Subscriber*" den Vorteil ein, dass diese für alle neu ausgegebenen Gesellschaftsanteile ein Vorkaufsrecht haben. So können die „*Subscriber*" vermeiden, dass sich bei der Ausgabe neuer Anteile ihr Stimmrecht zu ihren Ungunsten verändert. Darüber hinaus haben die Gesellschafter ein Gewinnbezugsrecht sowie einen Anspruch auf Ausstellung eines Anteilsscheins („*Share Certificate*") der Gesellschaft. Der Anteilsschein ist spätestens zwei Monate nach Übertragung der Anteile auszuhändigen und muss Angaben darüber enthalten, wie viele Anteile dem Gesellschafter gehören. Der Anteilsschein ist somit der prima-facie-Beweis der Berechtigung.

Haftung der Members

Haftung nach englischem Recht:

Eines der Hauptmerkmale von Kapitalgesellschaften ist der Ausschluss der persönlichen Haftung der Gesellschafter. Bei der Gründung einer Limited ist jedoch eine Besonderheit des englischen Gesellschaftsrechts zu beachten, denn dieses kennt keine Haftungsbeschränkung kraft Gesetzes, wie es bei der GmbH (§ 13 GmbHG) der Fall ist. Die Beschränkung der Haftung *(„liability* clause") muss vielmehr zwischen den Gesellschaftern in dem *Memorandum of Association* vereinbart werden (Sec. 3 CA 2006). Des Weiteren muss die Haftungsbeschränkung gegenüber dem *Companies Register* ausdrücklich erklärt werden. Diese Besonderheit des britischen Gesellschaftsrechts wird auch die „*Salomon Doctrine*" genannt und hat folgenden historischen Hintergrund: Im Jahre 1897 entschied das *House of Lords* (das oberste englische Gericht) in dem Fall Salomon v. Salomon & Co. Ltd., dass die Haftung der Gesellschafter getrennt von der Haftung der Gesellschaft zu betrachten sei. Begründet wurde dies damit, dass die Gesellschaft eine eigenständige Rechtsperson sei und daher in den Fragen des Kapitals und der Haftung alleine zu betrachten sei. Dieses Urteil des *House of Lords* war die Geburtsstunde der „*Salomon Doctrine*". Aus dieser ergibt sich, bei Vereinbarung einer Haftungsbeschränkung zwischen den Gesellschaftern, ein Ausschluss der Durchgriffshaftung. So sind die Durchbrechung des Haftungsprivilegs sowie die Durchgriffshaftung („*Piercing the Corporate Veil*") in das Privatvermögen der Gesellschafter nahezu ausgeschlossen. Es wird lediglich in besonderen Fällen von einer persönlichen Haftung der Gesellschafter Gebrauch gemacht. Unter welchen Umständen eine derartige Haftung greift, ist jedoch nicht gesetzlich kodifiziert und so ist auf das allgemeine Fallrecht zurückzugreifen. Als Beispiele für die Durchgriffshaftung können hier einige Entscheidungen angeführt werden: Überragende öffentliche Interessen bei einer Nutzung der Limited als bloße Fassade zur Umgehung von rechtlichen Verpflichtungen, aufgrund von Vertretungsverhältnissen, in denen die Gesellschaft als bevollmächtigter Vertreter der Gesellschafter auftritt sowie im Rahmen der Auslegung konkreter Gesetze und Verträge. Einen weiteren Anwendungspunkt sieht der „Insolvency Act 1986“ vor, denn es soll gerade dann auf das Privatvermögen der Gesellschafter durchgegriffen werden, wenn die Gesellschaft bewusst betrügerisch handelt („*fraudulent trading*“) oder bewusst eine Benachteiligung der Gläubiger vor der Insolvenz betreibt („*wrongful trading*“). Es ist allerdings schwer nachzuweisen, dass eine Betrugsabsicht vorlag, und somit kommt es nur selten zur Anwendung der Vorschriften.

Im Ergebnis wird im englischen Gesellschaftsrecht relativ selten und eher zurückhaltend von der Durchgriffshaftung Gebrauch gemacht. Als Begründung wird in den meisten Fällen auf die oben angeführte Salomon-Entscheidung verwiesen und damit die persönliche Haftung der Gesellschafter abgelehnt.

Haftung nach deutschem Recht:

Für die in Deutschland agierende Limited wird grundsätzlich die Haftungsbeschränkung der Gesellschaft anerkannt, welche sich somit nach englischem Recht richtet. Jedoch kann hiervon unter besonderen Gegebenheiten abgewichen werden. Es werden vor allem die folgenden drei Punkte diskutiert:

Die unterbliebene Eintragung in das Handelsregister:

Oftmals wurde in der Vergangenheit versucht, die Limited bei nicht erfolgter Handelsregistereintragung der Vor-GmbH gem. § 11 Abs. 1 GmbHG gleichzustellen. Diese Gleichstellung sollte dann zur Rechtsfolge haben, dass die Handelndenhaftung gem. § 11 Abs. 2 GmbHG analog herzuleiten sei. Dieser Auffassung ist der BGH jedoch entgegengetreten und verwies in seiner Begründung auf die europäische Niederlassungsfreiheit, da ein Verstoß gegen die Pflicht zur Handelsregistereintragung nichts daran ändere, dass ein solcher Verstoß lediglich mit einem Zwangsgeld zu sanktionieren sei.

Die Unterkapitalisierung:

Von einer Unterkapitalisierung spricht man, wenn einer Gesellschaft von Beginn an nicht genügend finanzielle Mittel zur Verfügung stehen, um ihre Tätigkeit auszuüben. Grundsätzlich wird auch in dieser Hinsicht die Durchgriffshaftung vom BGH mit der Begründung abgelehnt, dass das

Gesetz nur eine gewisse Summe als Mindestkapital vorsieht und dass die Erfüllung der Höhe dieses gesetzlich vorgeschrieben Kapitals genügt, um die Haftung zu beschränken. Folgt man der Auffassung des BGH und wendet diese auf die Limited an, so dürften die Gesellschafter nicht haften, wenn sie die Kapitalaufbringungsregeln befolgt haben.

Der existenzvernichtende Eingriff:

Der Begriff des existenzvernichtenden Eingriffs bezeichnet eine Handlung, in der die Gesellschafter zu ihren eigenen Gunsten der Gesellschaft das Vermögen entziehen. Zu diesem Tatbestand hat der BGH in seinem Urteil zur Existenzvernichtungshaftung den Grundsatz festgelegt, dass die existenzvernichtenden Eingriffe als besondere Fallgruppe der sittenwidrigen vorsätzlichen Schädigung i.S.d. § 826 BGB zu qualifizieren sind. Die Besonderheit an dieser Entscheidung ist, dass es sich hier nicht mehr um Gesellschaftsrecht, sondern um Deliktsrecht handelt. Dies hat zur Folge, dass die Grundsätze uneingeschränkt auch für in Deutschland ansässige Auslandsgesellschaften gelten.

3.2.2.2 Director

Der *Director* der Limited ist in gewissem Maße mit dem Geschäftsführer der GmbH zu vergleichen. Jede Limited ist dazu verpflichtet, mindestens einen *Director* zu bestellen. Sollte mehr als ein *Director* bestellt werden, handelt die Limited durch das „*Board of Directors*“. Die *Directors* müssen nicht zwingend natürliche Personen, sondern sie können vielmehr auch juristische Personen sein. Hier ist allerdings zu beachten, dass wenn die Limited lediglich einen *Director* bestellt, dieser zwingend eine natürliche Person sein (Sec. 154 f. CA 2006) und ein Mindestalter von 16 Jahren haben muss (Sec. 157 CA 2006).

Bestellung und Abberufung des Directors

Die Bestellung bzw. Ernennung des oder der *Directors* erfolgt bereits bei der Gründung der Gesellschaft. Sie sind gegenüber dem *Companies House* in Cardiff namentlich im Formular 10 zu nennen und müssen klar und deutlich als *Directors* deklariert werden. Sollten nach der Gründung weitere *Directors* durch einen einfachen Gesellschafterbeschluss bestellt werden, sind diese binnen vierzehn Tagen dem *Companies House* in Cardiff zusammen mit der Einverständniserklärung des *Directors* anzuzeigen und in das am *Registered Office* geführte Register einzutragen.

Die Abberufung, wie auch die Bestellung der *Directors* kann jederzeit durch einfache Mehrheit eines Gesellschafterbeschlusses („*ordinary reso-*

lution“) geschehen. Sollten jedoch in den *Articles of Association* gesonderte Bestimmungen zur Abberufung des *Directors* getroffen worden sein, sind diese gem. Sec. 168 (1) CA 2006 ex tunc unwirksam. Des Weiteren kann der *Director* sein Amt freiwillig niederlegen.

Eine zwingende Abberufung des *Directors* ist hingegen in den Fällen seiner privaten Insolvenz, seiner Geschäftsunfähigkeit, einer Disqualifizierung durch ein Gericht, beim Fernbleiben der Boardversammlungen über einen Zeitraum von sechs Monaten sowie seiner Kündigung vorgeschrieben.

Zum *Director* darf nicht berufen werden, wer nach der Maßgabe des *Companies Disqualification Act* aus dem Jahr 1986 von der Ausübung eines bestimmten Berufes ausgeschlossen wurde. Dieser Ausschluss wird „*Disqualification order*“ genannt und kann für einen Zeitraum von bis zu fünfzehn Jahren gelten.

Ferner kann der *Director* einer Limited nicht wie die UG (haftungsbeschränkt) von dem Verbot des Insichgeschäfts gem. § 181 BGB befreit werden und diese Tatsache kann auch nicht in das Handelsregister eintragen werden. Der Director einer Limited kann hingegen nur in bestimmten Fällen von dem Verbot des Selbstkontrahierens befreit werden. Sollte der Director eine solche Befreiung anstreben, ist dies bei der Gesellschafterversammlung anzugeben und schriftlich festzuhalten.

Leitungsbefugnisse, Rechte und Pflichten des Directors

Die Leitungsbefugnisse der *Directors* ergeben sich aus den *Articles of Association*. Sehen diese vor, das mehrere *Directors* eingesetzt werden, bilden die *Directors* das „*Board of Directors*“, welches gemeinschaftlich handelt und dabei grundsätzlich die Entscheidungen in der Vorstandssitzung („*Board Meeting*“) trifft. Das *Board of Directors* ist gewissermaßen mit einem deutschen Vorstand vergleichbar. In der Regel wird die Geschäftsführungsbefugnis im Innenverhältnis durch die *Articles of Association* geregelt. In ihnen werden einzelne *Directors* mit bestimmten Befugnissen ausgestattet. In der Konsequenz dieser Befugnissaufteilung wird das Tagesgeschäft meist von dem sog. „*Managing Director*“ ausgeführt.

Darüber hinaus gibt es in dem „*Board of Directors*“ den „*Chairman*“. Dieser hat die Aufgabe, die *Board Meetings* und Hauptversammlung zu leiten sowie in Pattsituationen die entscheidende Stimme abzugeben.

Was die Vertretungsbefugnis der *Directors* anbelangt, sind sie grundsätzlich, wie bei der Geschäftsführung auch, nur zur gemeinschaftlichen Vertretung befugt. Es ist hingegen üblich, dass die geschäftsführenden *Directors*, wie z.B. der „*Managing Director*", alleinvertretungsberechtigt sind. Die *Directors* vertreten somit die Gesellschaft in gerichtlichen und außergerichtlichen Angelegenheiten.

Was die Pflichten des oder der *Directors* angeht, sind diese seit der Reformierung des *Companies Act* erstmalig kodifiziert worden und finden sich dort in Chapter 2 Section 170 f. Companies Act 2006 unter dem Titel „*General Duties of Directors*". Die dort aufgezählten Pflichten sind: Das satzungsgemäße Verhalten, die Sorgfaltspflicht, die Treuepflicht, das Verbot zur Ausführung eigener Handlungen zu seinem Vorteil, die Förderung des Gesellschaftswohls, das Verbot Zuwendungen Dritter anzunehmen, die Offenlegung jeglichen Eigeninteresses sowie die Pflicht, unabhängige Entscheidungen zu treffen.

Eine weitere Besonderheit des englischen Gesellschaftsrechts sind die sog. „*Shadow Directors*". Die *Shadow Directors* sind natürliche oder juristische Personen, die einen erheblichen Einfluss auf die Gesellschaft ausüben. Als Beispiel können Muttergesellschaften oder Banken genannt werden. Die zuvor erläuterten Sorgfaltspflichten und die nachstehenden Haftungstatbestände gelten nicht nur für die *Directors*, sondern auch für Dritte, wie die „*Shadow Directors*". Ferner sind sie dazu verpflichtet, im Interesse der Gesellschaft zu handeln und Interessenkonflikte zu vermeiden.

Haftung des Directors

1. Haftung im Innenverhältnis

Die Haftungsansprüche der Gesellschafter gegen die *Directors* können sich, wie dies auch bei den *Members* der Fall ist, aus englischem sowie deutschem Recht ergeben. Folgt man dem englischen Recht, besteht die Haftung des *Directors* grundsätzlich nur gegenüber der Gesellschaft, nicht jedoch gegenüber den Gesellschaftern. Dies resultiert aus der Funktion des *Directors* als Organ zu handeln, denn die Erfüllung der ihm übertragenen Aufgaben schuldet er ausschließlich der Gesellschaft. Ferner ist die Haftung des *Directors* im englischen Recht nicht kodifiziert und ergibt sich aus dem vorherrschenden Fallrecht. So können an dieser Stelle folgende Beispiele für eine Haftung des *Directors* im Innenverhältnis angeführt werden:

Die Verletzung von Treue- und Sorgfaltspflichten, Handlungen zu Lasten der Gesellschaft, Geschäfte außerhalb des Geschäftsgegenstandes, Missbrauch der ihm erteilten Vertretungsmacht sowie eine unerlaubte Ausschüttung von Gewinnen.

Es besteht auch die Möglichkeit, den *Director* von seiner Haftung gegenüber der Gesellschaft zu befreien. Diese Befreiung kann grundsätzlich nur im Nachhinein durch einen Genehmigungsbeschluss der Gesellschafterversammlung geschehen. Voraussetzung hierfür ist, dass die Haftung nicht auf einem Gesetzesverstoß beruht. Haftungsbeschränkungen und Haftungsausschlüsse, die im Vorfeld in der Satzung vereinbart wurden sind generell unzulässig.

2. Haftung im Außenverhältnis

Die Haftung des *Directors* im Außenverhältnis (gegenüber Dritten) richtet sich grundsätzlich nach englischem Recht. Demnach ist eine Haftung der *Directors* für Verbindlichkeiten der Gesellschaft ausgeschlossen. In Sonderfällen kann es jedoch eine Durchgriffshaftung der *Directors* geben. Diese kommt dann in Betracht, wenn die *Directors* bereits kraft Gesetzes durch ein unerlaubtes Handeln disqualifiziert wurden und trotzdem die Geschäfte der Limited weiterführen. Zudem haften die *Directors*, wie auch zuvor die *Members*, persönlich, wenn sie betrügerisch handeln („*fraudulent trading*" Sec. 993 CA 2006) oder bei der Insolvenz der Gesellschaft unzulässig handeln. Führt ein *Director* eine Limited mit dem Vorsatz des Betruges oder der Gläubiger- und Drittschädigung, so haftet er hierfür persönlich. Dies gilt auch für die Limited mit Verwaltungssitz in Deutschland. Ferner haften die *Directors* nach dem Deliktsrecht, da für dieses der Ort maßgebend ist, an dem deliktisch gehandelt wurde.

3.2.2.3 Company Secretary

Der „*Company Secretary*" war in der Vergangenheit ein obligatorisches Organ der Limited. Im deutschen Recht gibt es keine vergleichbare Position. Der „*Secretary*" ist am besten mit einem Geschäftsstellenleiter oder Schriftführer vergleichbar. Seine Aufgaben sind administrativer Natur und umfassen bspw. die Korrespondenz mit dem Unternehmensregister. Des Weiteren ist er für die „*Statuary Books*" verantwortlich, welche aus dem Gesellschafter-, Geschäftsführer- und dem *Secretary* Register bestehen. Darüber hinaus enthält das Unternehmensbuch alle finanziellen Beteiligungen sowie dinglichen Belastungen („*charges*") der Gesellschaft. Eine weitere Aufgabe des „*Company Secretary*" ist es, Bescheinigungen über die internen Verhältnisse der Gesellschaft auszustellen. Regelmäßiger Inhalt dieser Bescheinigungen sind insbesondere Auskünfte über Vertretungsbefugnisse. Die von dem *Company Secretary* ausgestellten Dokumente besitzen in England Urkundskraft, weshalb er auch als „Notar der Gesellschaft“ bezeichnet wird. Das Amt des „*Company Secretary*“ kann sowohl von natürlichen, als auch juristischen Personen bekleidet werden. Für die Ernennung und Abberufung gelten die entsprechenden Ausführungen zu den *Directors*.

Seit der Reformierung des Companies Act ist die Bestellung eines „*Company Secretary*“ nicht mehr zwingend vorgeschrieben (Sec. 270 (1) CA 2006). Vielmehr ist diese nun fakultativ ausgestaltet und die Entscheidung über die Bestellung obliegt den Gesellschaftern.

3.2.3 Abschließende Betrachtung

Vergleicht man abschließend die Organisationsstruktur der beiden Gesellschaftsformen sowie deren administrativen Aufwand, hat die Unternehmergesellschaft (haftungsbeschränkt) meines Erachtens einen klaren Vorteil. Dieser Vorteil resultiert aus der doch sehr einfach gehaltenen Organisationsstruktur der Unternehmergesellschaft (haftungsbeschränkt), welche regelmäßig nur aus der Gesellschafterversammlung und dem Geschäftsführer besteht. In besonderen Fällen kann es jedoch sein, dass noch der Aufsichtsrat als drittes Organ zur Anwendung kommt. Dies wird jedoch in der wirtschaftlichen Praxis bei der UG (haftungsbeschränkt) im Gegensatz zur GmbH nur selten der Fall sein. Betrachtet man hingegen die Limited, fällt auf, dass sie für deutsche Unternehmer ein unbekanntes Organisationssystem besitzt, welches sich aus den „*Members*“ (Gesellschaftern), den „*Directors*“ (Geschäftsführern), den „*Non-Executive Directors*“ (keine vergleichbare Position im deutschen Recht), dem „*Board of Directors*“ (vergleichbar mit dem Vorstand), dem “*General Meeting*“ (der Gesellschafterversammlung), dem „*Company Secretary*“ (dem deutschen GmbH-Recht ebenfalls nicht bekannt) sowie dem bei einer Zweigniederlassung notwendigem „*Registered Office*“ zusammensetzen kann.

Was den Unterpunkt der Haftung der beiden Gesellschaftsformen anbelangt, so bleibt hier zu konstatieren, dass sich diese zwar in gewissen Unterpunkten unterscheidet, tendenziell aber vergleichbar ist. Eine Ausnahme bildet lediglich der Haftungsdurchgriff in das Privatvermögen der Gesellschafter. Diese Art der Haftung findet im englischen Gesellschaftsrecht nur in wenigen Ausnahmefällen Anwendung, wohingegen dies bei der Unternehmergesellschaft (haftungsbeschränkt) beim Erfüllen gewisser Tatbestandmerkmale durchaus üblich ist. Als ein weiterer Nachteil für die Limited kann ferner aufgeführt werden, dass der *Director* einer in Deutschland tätigen Limited nicht nur die englischen Haftungstatbestände zu berücksichtigen hat, sondern auch das Delikts- und Strafrecht in Deutschland.

3.3 Die Mitbestimmung

3.3.1 Unternehmergesellschaft (haftungsbeschränkt)

Was die überbetriebliche Mitbestimmung bei der Unternehmergesellschaft (haftungsbeschränkt) anbelangt, sieht das Gesetz nur in seltenen Fällen einen obligatorischen Aufsichtsrat vor, welcher sich nach den Vorschriften der Arbeitnehmermitbestimmung richtet. Hier gelten als zwingende Normen die aktienrechtlichen Vorschriften kraft autonomer Verweise. Als anzuwendende Gesetze können das Drittelbeteiligungsgesetz, das Mitbestimmungsgesetz sowie das Montanmitbestimmungsgesetz angeführt werden. Um zu bestimmen, welches der Aufsichtsratssysteme anzuwenden ist, wird regelmäßig das so genannte Statusverfahren gem. der §§ 97 bis 99 AktG angewendet. So gilt es, die folgenden Kriterien zu beachten:

Der Aufsichtsrat nach dem Drittelbeteiligungsgesetz

Folgt man § 1 Abs. 1 Nr. 3 DrittelbG, so ist der obligatorische Aufsichtsrat bei Unternehmen mit mehr als 500 Arbeitnehmern vorgeschrieben. Zu den Arbeitnehmern i.S.d. DrittelbG zählen alle Arbeiter und Angestellten einschließlich der zu ihrer Berufsausbildung Beschäftigten. Hierzu zählen auch die in Heimarbeit tätigen Personen. Die leitenden Angestellten sowie die Geschäftsführer sind hingegen ausgeschlossen (§ 3 Abs. 1 DrittelbG).

Der Aufsichtsrat nach dem Mitbestimmungsgesetz 1976

Der Aufsichtsrat nach dem Mitbestimmungsgesetz von 1976 findet dann Anwendung, wenn regelmäßig mehr als 2000 Arbeitnehmer beschäftigt sind. Diese Art der Mitbestimmung ist quasi-paritätisch. Dies bedeutet, dass den Anteilseignern in gleicher Anzahl Arbeitnehmervertreter gegenüber sitzen. Sollte es in dieser Besetzung bei Abstimmung zu einer Pattsituation kommen, hat der Aufsichtsratsvorsitzende ein doppeltes Stimmrecht.

Der Aufsichtsrat nach dem Montanmitbestimmungsgesetz

Die Montanmitbestimmung wird lediglich in Unternehmen des Bergbaus und der eisen- und stahlerzeugenden Industrie angewendet, wenn mehr als 1000 Arbeitnehmer beschäftigt sind. Die Besetzung des Aufsichtsrates erfolgt gleichermaßen mit Arbeitnehmern und Anteilseignern, jedoch wird von beiden Seiten ein neutrales Mitglied bestimmt, welches in Pattsituationen das sog. „Zünglein an der Waage“ ist. Ferner gehört dem Vorstand des Unternehmens ein Arbeitsdirektor an, welcher nicht entgegen der Mehrheit der Stimmen der Arbeitnehmervertreter bestellt oder abberufen werden kann (§ 13 Abs. 1 Montan-MitbestG).

Eine weitere Mitbestimmungsart ist die betriebliche Mitbestimmung im Sinne des Betriebsverfassungsgesetzes. Grundgedanke dieser ist es, die Kooperation zwischen den Belegschaftsvertretern und dem Arbeitgeber zu fördern und zum Wohl des Betriebes und der Belegschaft zu handeln. Dieser Grundsatz ist in § 2 Abs. 1 BetrVG kodifiziert und fordert die vertrauensvolle Zusammenarbeit der Betriebspartner. In der Praxis wird die Kooperation durch den Betriebsrat, der die gesetzliche Vertretung der Arbeitnehmerschaft des Betriebes darstellt, und den Arbeitgeber durchgeführt. Ein Betriebsrat darf in jedem Betrieb gebildet werden, wenn dieser in der Regel mindestens fünf wahlberechtigte, ständig im Betrieb beschäftigte Arbeitnehmer hat (§ 1 BetrVG). Die betriebliche Mitbestimmung ist somit rechtsformunabhängig.

3.3.2 Limited

Was die unternehmerische Mitbestimmung angeht, wird in der Literatur die Meinung vertreten, dass die Limited mit Verwaltungssitz in Deutschland nicht der deutschen Mitbestimmung unterliegt. Als Grund wird angeführt, dass die eingliedrige Gesellschaftsstruktur der Limited die Funktion des Aufsichtsrates nicht kennt und daher nicht auf eine für ein zweigliedriges System (Aufsichtsrat und Vorstand) zugeschnittene Mitbestimmung übertragbar sei. Ferner würde dies aus den zuvor genannten Gründen zu kaum lösbaren Problemen führen. Auch die analoge Anwendung des MitbestG von 1976 und des BetrVG 1952 kommt trotz der vorhandenen Regelungslücke nicht in Betracht, da dies erneut eine Einschränkung der Niederlassungsfreiheit darstellen würde.

Im Gegenzug kann bei der betrieblichen Mitbestimmung durchaus deutsches Recht angewendet werden, denn hier wird auf die Belegenheit des Betriebes abgestellt. Erfüllt ein Betrieb die in § 1 Abs. 1 BetrVG geforderten Voraussetzungen von mindestens fünf ständig wahlberechtigten Beschäftigten, so kann ein Betriebsrat im Sinne des Betriebsverfassungsgesetzes gegründet werden.

3.3.3 Abschließende Betrachtung

Deutsche Unternehmen, die in der Rechtsform einer Kapitalgesellschaft betrieben werden, unterliegen grundsätzlich der unternehmerischen Mitbestimmung, wenn sie die zuvor erläuterten Kriterien erfüllen. Ferner sind die konkreten Unternehmensformen, für welche die Mitbestimmung gilt, explizit im Gesetz genannt. Daraus folgt, dass diese Vorschriften grundsätzlich auch auf die Unternehmergesellschaft (haftungsbeschränkt) Anwendung finden, da diese als eine Sonderform der GmbH zu qualifizieren ist. Hier ist jedoch anzumerken, dass die UG (haftungsbeschränkt) mit großer Wahrscheinlichkeit nur in sehr seltenen Fällen diese im Gesetz genannten Schwellenwerte überschreiten wird, denn es ist davon auszugehen, dass diese Unternehmensform aufgrund ihrer Gründungsvoraussetzungen, der Kapitalausstattung sowie deren Ansparungsregeln ihren Hauptanwendungsbereich bei Kleinunternehmen und Existenzgründern finden wird. Zudem wurde im Unterpunkt 2. erläutert, dass sowohl für die Limited als auch für die UG (haftungsbeschränkt) die betriebliche Mitbestimmung bei Vorliegen der Voraussetzungen Anwendung findet, da diese an das Territorialprinzip und die Betriebsgröße anknüpft.

Im Bezug auf die Limited kann festgehalten werden, das Unternehmer durch die Gründung einer Limited, die in Deutschland geltende Unternehmensmitbestimmung umgehen können, nicht hingegen die betriebliche Mitbestimmung. Betrachtet man die Gründungsstatistiken der Limited, lässt sich erkennen, dass es sich bei der überwiegenden Anzahl der Limited mit Verwaltungssitz in Deutschland um Kleinstunternehmen handelt, bei denen der Gesichtspunkt der Mitbestimmung praktisch nicht relevant ist.

Meiner Ansicht nach dürfte die Umgehung der Mitbestimmung als solche kein ausschlaggebender Faktor für die Wahl der Rechtsform zugunsten der Limited sein. Denn es ist zweifelhaft, ob die UG (haftungsbeschränkt) als ein Unternehmen mit einer Kapitalausstattung von weniger als 25.000 Euro einen so hohen Arbeitnehmerbestand erreichen wird, so dass die unternehmerische Mitbestimmung einschlägig ist.

3.4 Finanzverfassung

3.4.1 Unternehmergesellschaft (haftungsbeschränkt)

3.4.1.1 Kapitalaufbringung

Die Kapitalaufbringung der Unternehmergesellschaft (haftungsbeschränkt) erfolgt durch die Erbringung des Stammkapitals. Gemäß den neu eingeführten Bestimmungen des § 5 a GmbHG nach der MoMiG-Reform, darf nun das Stammkapital jeden Betrag zwischen einem und 24.999 Euro betragen. Die von den Gesellschaftern übernommenen Geschäftsanteile müssen auf volle Euro lauten und es können bei einer individuellen Satzung je Gesellschafter ein oder mehrere Geschäftsanteile übernommen werden (§ 5 Abs. 2 S. 2 GmbHG). Wird hingegen das Musterprotokoll verwendet, ist die Übernahme mehrerer Geschäftsanteile ausgeschlossen. Ferner haben die Gesellschafter die Pflicht, die im Gesellschaftsvertrag angegebene Höhe des Stammkapitals gem. § 5 a Abs. 2 S. 1 GmbHG voll einzuzahlen (Volleinzahlung). Sie können gem. § 19 Abs. 2 GmbHG nicht von dieser Verpflichtung zur Leistung befreit werden. Es besteht des Weiteren ein Verbot der Halbeinzahlung, welches hingegen beim Stammkapital der GmbH möglich ist. Eine Besonderheit nach der MoMiG-Reform ist, dass keine Sacheinlagen bei der UG (haftungsbeschränkt) erbracht werden dürfen (§ 5 a Abs. 2 GmbHG), was bei der GmbH jedoch weiterhin möglich ist.

3.4.1.2 Kapitalerhaltung und gesetzliche Gewinnrücklage

Die Kapitalerhaltung ist einer der zentralen Gedanken des GmbH-Rechts, welcher in den §§ 30 ff. GmbHG normiert ist. Das in § 30 Abs. 1 S. 1 GmbHG genannte Auszahlungsverbot bildet zusammen mit der Aufbringung des Stammkapitals gem. § 19 GmbHG das „Kernstück des GmbH-Rechts". Diese Vorschriften dienen der Erhaltung des Gesellschaftsvermögens sowie dem Gläubigerschutz. Denn um in den Genuss des Haftungsprivileges gem. § 13 Abs. 2 GmbHG zu gelangen, ist es Voraussetzung, dass den Gläubigern das Gesellschaftsvermögen als Haftungssubjekt zur Verfügung steht. Unter dem Begriff der Auszahlung versteht man nicht nur das Auskehren von Barmitteln, sondern auch die Verringerung des Gesellschaftsvermögens im Allgemeinen. Die Ausschüttung an die Gesellschafter ist nur dann zulässig, wenn das der Gesellschaft verbleibende Vermögen, nach Auszahlung an die Gesellschafter, weiterhin zur Deckung aller Verbindlichkeiten ausreicht sowie wertmäßig über dem Betrag des Stammkapitals liegt. Wird gegen diese Vorschrift verstoßen und Kapital an einen Gesellschafter ausgeschüttet, was zu einer Unterbilanz führt, greift § 31 GmbHG. Dieser verpflichtet die Gesellschafter dazu, Zahlungen, die gegen § 30 GmbHG verstoßen, zu erstatten. Die Fälligkeit des Rückforderungsanspruchs der Gesellschaft gegen den Zahlungsempfänger tritt sofort ein und bedarf keines Gesellschafterbeschlusses i.S.d. § 46 Nr. 2 GmbHG.

Die gesetzliche Gewinnrücklage ist die größte Besonderheit der Unternehmergesellschaft (haftungsbeschränkt), denn sie darf ihre Gewinne nicht, wie die GmbH, an die Gesellschafter ausschütten, sondern ist gem. § 5 a Abs. 3 GmbHG verpflichtet, eine Rücklage i.H.v. 25 Prozent des erwirtschafteten Gewinns, abzüglich des Verlustvortrages aus dem

Vorjahr, zu bilden. Diese Verpflichtung besteht gem. § 5 a Abs. 5 GmbHG solange, bis die in § 5 Abs. 1 GmbHG geforderte Mindesthöhe des Stammkapitals von 25.000 Euro erreicht oder überschritten wurde. Die gesetzliche Gewinnrücklage darf folglich nur für die Zwecke der Kapitalerhöhung aus Gesellschaftsmitteln gem. § 5 a Abs. 3 Satz 2 Nr. 1 GmbHG i.V.m § 57 c GmbHG sowie für den Ausgleich eines Jahresfehlbetrages oder Verlustvortrages verwendet werden. Hat die Gesellschaft die Voraussetzungen des § 5 Abs. 1 GmbHG erfüllt, können die Gesellschafter entscheiden, ob sie den bisherigen Rechtsformzusatz „Unternehmergesellschaft (haftungsbeschränkt)" beibehalten wollen, oder ob sie nun als reguläre GmbH firmieren wollen. Dieser Vorgang soll laut Regierungsentwurf jedoch keine Umwandlung oder einen Formwechsel darstellen, vielmehr soll es sich dabei um eine Umfirmierung i.S.d. § 4 GmbHG handeln. Verstößt die Gesellschaft gegen die gesetzliche Gewinnrücklage, ist die Feststellung des Jahresabschlusses nichtig (§ 256 AktG analog). Aus dieser Rechtsfolge resultiert die analoge Anwendung des § 253 AktG, welcher die Nichtigkeit des Gewinnverwendungsbeschlusses zur Folge hat. Sollte dieser Sachverhalt eintreten, so hat dies zur Konsequenz, dass ein bürgerlich-rechtlicher Rückzahlungsanspruch gegen die Gesellschafter entstehen kann sowie, dass der Geschäftsführer gem. § 43 GmbHG haftbar gemacht werden kann.

3.4.1.3 Kapitalveränderung

Zu dem Kapitel Kapitalveränderung zählen sowohl die Kapitalerhöhung als auch die Kapitalherabsetzung. Bezüglich der Kapitalerhöhung haben sich im Verlauf der MoMiG-Reform einige Neuerungen ergeben, welche in diesem Unterpunkt näher erläutet werden sollen.

Die einzige Möglichkeit einer Unternehmergesellschaft (haftungsbeschränkt) Kapital in Form neuer Eigenmittel zu beschaffen ist die Kapitalerhöhung gegen Erbringung neuer Stammeinlagen. Diese Art der Kapitalzuführung wird auch als effektive Kapitalerhöhung bezeichnet. Bei dieser Art der Kapitalveränderung wird der Nominalbetrag des Stammkapitals heraufgesetzt und die Gesellschaft erhält durch ihre bisherigen oder neuen Gesellschafter zusätzliche Eigenmittel. Die gesetzlichen Regelungen für die effektive Kapitalerhöhung sind in den §§ 55 bis 57 a GmbHG kodifiziert. Der Ablauf der effektiven Kapitalerhöhung vollzieht sich in den folgenden fünf Schritten:

- Beschlussfassung der Satzungsänderung. Da die Höhe des Stammkapitals der Gesellschaft in der Satzung festgelegt ist, muss die Gesellschafterversammlung den Beschluss zur Satzungsänderung fassen (§ 3 Abs. 1 Nr. 3 GmbHG). Dieser hat unter Beachtung der §§ 53 und 54 GmbHG zu erfolgen (notarielle Beurkundung des Kapitalerhöhungsbeschlusses mit qualifizierter Mehrheit).
- Festlegung des Bezugs und Bezugsrechts gem. § 55 Abs. 2 GmbHG. Hierbei entscheiden die Gesellschafter, ob die neuen Anteile nur an bisherige Gesellschafter oder auch an Dritte ausgegeben werden sollen.
- Übernahmevertrag zwischen Gesellschaft und Übernehmer. Dieser Übernahmevertrag bedarf gem. § 55 Abs. 1 u. 2 GmbHG der notariellen Beurkundung.
- Die Leistung der Einlage des Anteilsübernehmers gem. § 56 a GmbHG.
- Anmeldung zur Eintragung und Bekanntmachung der Kapitalerhöhung in das Handelsregister gem. § 7 GmbHG. Der bereits vor der MoMiG-Reform bestehende § 57 b GmbHG, welcher die Veröffentlichung der Eintragung im Amtsblatt und einer örtlichen Zeitung verlangte, wurde ersatzlos gestrichen. Da das Handelsregister seit dem 01.01.2007 elektronisch für jedermann einsehbar ist, wurde in diesen Bekanntmachungen keine Notwendigkeit mehr gesehen.

Die Kapitalerhöhung aus Gesellschaftsmitteln (§ 57 c GmbHG) stellt keine Zuführung neuer Mittel als solches dar, sondern sie ist vielmehr eine Umbuchung von freien Rücklagen der Gesellschaft in gebundenes Stammkapital. Diese Art der Erhöhung wird auch als nominelle Kapitalerhöhung bezeichnet und bedarf, wie die effektive Kapitalerhöhung, ebenfalls eines satzungsändernden Beschlusses der Gesellschafterversammlung

(§ 57 c Abs. 4, § 53 Abs. 1 u. 2 GmbHG). Anders als bei der GmbH kann bei der Unternehmergesellschaft (haftungsbeschränkt) regelmäßig keine Kapitalerhöhung mittels Sacheinlagen erfolgen. Dieses Verbot der Sachkapitalerhöhung folgt aus § 5 a Abs. 2 S. 2 GmbHG. Die Sachkapitalerhöhung ist nur dann erlaubt, wenn sie unverzüglich zur Erreichung des Mindestkapitals gem. § 5 a Abs 5 i.V.m. § 5 Abs.1 GmbHG führt.

Die Kapitalherabsetzung

Die Herabsetzung des Stammkapitals ist gesetzlich in den §§ 58 ff. GmbHG geregelt und kann in die Herabsetzung des Stammkapitals gem. § 58 GmbHG und die einfache Kapitalherabsetzung gem. § 58 a GmbHG unterteilt werden. Die Herabsetzung des Stammkapitals darf nur unter strengen Bedingungen erfolgen. Was den Zweck einer solchen Herabsetzung des Stammkapitals anbelangt, so können hier verschiedene Gründe aufgeführt werden: Rückzahlung und Erlass von Einlagen, Abfindungen ausscheidender Gesellschafter, Heilung von fehlerhaften Kapitalerhöhungen, Beseitigung eigener Anteile, Rücklagenbildung und Aufhebung der Unterbilanz. Da eine solche Herabsetzung gleichzeitig negative Konsequenzen für die Gläubiger der Gesellschaft haben kann, ist die Herabsetzung an eine Reihe von Vorschriften gebunden. Die Herabsetzung des Stammkapitals verlangt eine Satzungsänderung i.S.d. §§ 53, 54 GmbHG, welche mit einer Dreiviertelmehrheit beschlossen werden muss. Ferner bedarf es der notariellen Beurkundung der Satzungsänderung. Des Weiteren muss der Herabsetzungsbeschluss dreifach im elektronischen Bundesanzeiger bekannt gemacht werden (§ 12 Abs. 1 Nr.1 GmbHG), in welchem die Gläubiger aufgefordert werden sich bei der Gesellschaft zu melden. Ein weiteres Kriterium für die Kapitalherabsetzung ist die Eintragung dieser in das Handelsregister. Sie ist hierbei von sämtlichen Geschäftsführern persönlich und elektronisch in beglaubigter Form gem. §§ 78, 12 HGB beim Handelsregister anzumelden.

Die vereinfachte Kapitalherabsetzung ist in § 58 a GmbHG geregelt und dient hauptsächlich dem Ausgleich von Verlusten der Gesellschaft. Da die Situation der Gesellschaft sich bereits durch die Verluste verschlechtert hat, finden die besonderen Gläubigerschutzvorschriften, wie zuvor bei der Kapitalherabsetzung nach § 58 GmbHG, keine Anwendung. Die vereinfachte Kapitalherabsetzung bedarf ebenfalls einer Satzungsänderung gem. §§ 53 und 54 GmbHG.

Der Gesetzgeber schreibt jedoch die Bildung und Beibehaltung von Kapitalrücklagen sowie eine Beschränkung der Gewinnausschüttung an die Gesellschafter vor.

3.4.1.4 Finanzierungsmöglichkeiten

Immer häufiger benötigen Unternehmen liquide Mittel, um am Markt schnell und flexibel agieren und reagieren zu können. Um dies zu gewährleisten, bestehen im Wesentlichen vier Möglichkeiten sich am Markt Kapital zu beschaffen, wobei die erste Möglichkeit der Eigenfinanzierung bereits unter dem Punkt „Kapitalveränderung“ erläutert wurde. Die zweite wesentliche Finanzierungsart ist die Fremdfinanzierung durch Dritte, wobei in diesem Kapitel, aufgrund des Umfangs dieser Arbeit, nur die klassischen Finanzierungsarten näher betrachtet werden. Der klassische Bankkredit kann in die Kriterien der Laufzeit oder des Zwecks aufgeteilt werden, so gibt es bspw.: Die kurz-, mittel-, oder langfristigen Kredite, die Investitionsfinanzierung, die Immobilienfinanzierung sowie die Betriebsmittelfinanzierung. Bei diesen Arten von Krediten handelt es sich um Fremdkapital, das dem Unternehmen grundsätzlich temporär und verzinslich von Dritten überlassen wird. Regelmäßig haben die Fremdkapitalnehmer für die Aufnahme solcher Kredite Sicherheiten zu leisten, welche sich der Höhe nach an der Kreditwürdigkeit der Unternehmen orientieren sowie die Pflicht begründen, Zinszahlungen an die Fremdkapitalgeber (z.B. Banken) zu leisten. Diese oftmals sehr weitreichenden Verpflichtungen gegenüber Banken können für die Unternehmen sehr belastend sein. Die dritte Möglichkeit der Finanzierung sind die sogenannten hybriden Finanzierungsformen, welche sowohl Elemente des Eigenkapitals, als auch des Fremdkapitals aufweisen. Zu den hybriden Finanzierungsformen zählen beispielsweise das Genussrechtskapital, die atypische stille Beteiligung an Unternehmen mit Eigenkapitalausrichtung, das Nachrangdarlehen und die typischen stillen Beteiligungen mit Fremdkapitalausrichtung. Die vierte Finanzierungsart ist die so genannte operative Finanzierung. Hierzu zählen die Finanzierungen des Anlagevermögens über Leasingtransaktionen, der Verkauf von Forderungen („*Factoring*“), die Beleihung von Wirtschaftsgütern mittels verbriefter Rechte („*Securitization*“) sowie die Inanspruchnahme von Zahlungszielen.

3.4.2 Limited

3.4.2.1 Kapitalaufbringung

Die Kapitalaufbringung *(„raising of capital“)* kann bei der Limited durch Bareinzahlung, Sachleistung sowie einer Dienstleistung erbracht werden. Was die Sacheinlagen bei der Limited betrifft, wird diese durch den *Director* bewertet und nicht durch einen Wirtschaftsprüfer, wie dies im GmbHG vorgeschrieben ist. Im Gegensatz zum deutschen GmbH-Recht existiert bei der Limited keine Mindesthöhe des Stammkapitals, es könnte beispielsweise eine Ein-Personengesellschaft mit einem „Penny" gegründet werden. Regelmäßig beträgt das Stammkapital in der Praxis jedoch 100 Pfund (110,97€) und kann beliebig nach den wirtschaftlichen Gegebenheiten erhöht werden. Im Ergebnis kann für die Limited festgehalten werden, dass die Kapitalaufbringung hier durch die Einlagefähigkeit von Dienstleistungen, die Unbestimmtheit der Werthaltigkeit der Sacheinlagen sowie die fehlende Mindestkapitalanforderung, im Vergleich zur deutschen UG (haftungsbeschränkt) deutlich flexibler ist.

3.4.2.2 Kapitalerhaltung

Die Vorschriften der Kapitalerhaltung *(„maintenance of capital")* beziehen sich bei der Limited aufgrund der Tatsache, dass diese kein Mindestkapital hat, lediglich auf das gezeichnete Kapital und das tatsächlich eingezahlte Kapital *(„issued share capital")* der Gesellschaft. Ferner ist der Erwerb eigener Anteile durch die Rechtsprechung untersagt, da dies einer Kapitalherabsetzung nahekommt. Es gibt allerdings eine Ausnahme, wann der Erwerb eigener Anteile (Sec. 708 CA 2006) möglich ist. Die Gesellschaft darf nur durch realisierte Gewinne Anteile erwerben, jedoch nicht durch ihr vorhandenes Kapital. Des Weiteren ist die Gesellschaft verpflichtet, eine Erklärung über das Kapital beim Gesellschaftsregister abzugeben und nach Sec. 714 CA 2006 muss der *Director* in seiner Solvenzerklärung alle ungewissen Verbindlichkeiten berücksichtigen. Die gerichtliche Überprüfung durch das Gesellschaftsregister gewährleistet, dass Kapitalausschüttungen nur eingeschränkt möglich sind. Zudem dürfen Dividenden nur dann an die Gesellschafter ausgeschüttet werden, wenn diese aus realisierten Gewinnen stammen. Die hier genannten Vorschriften stellen somit die Kapitalerhaltung sicher.

3.4.2.3 Kapitalveränderung

Die Kapitalveränderung *(„alteration of capital")* kann wie bei der UG (haftungsbeschränkt) auf zwei Arten geschehen. Dies sind die Kapitalerhöhung sowie die Kapitalherabsetzung.

Kapitalerhöhung

Die Kapitalerhöhung kann bei der Limited jederzeit durch einen Gesellschafterbeschluss durchgeführt werden und ist binnen fünfzehn Tagen bei dem zuständigen Registergericht einzutragen. Den Gesellschaftern steht gem. Sec. 561 ff. CA 2006 ein bevorzugtes Bezugsrecht zu, welches sie binnen einer Frist von 21 Tagen geltend machen müssen. Dieses bevorzugte Bezugsrecht gilt nur dann, wenn die Anteile gegen Barleistungen *(„for cash")* ausgeben werden.

Kapitalherabsetzung

Eine Kapitalherabsetzung bei der Limited bedarf eines Sonderbeschlusses der Gesellschafterversammlung sowie der gerichtlichen Genehmigung („*Companies court*"). Im Rahmen dieses Prozesses haben Gläubiger die Möglichkeit, bestehende Ansprüche gegen die Gesellschaft geltend zu machen und der Kapitalherabsetzung zu widersprechen. Hat das Gericht die Herabsetzung genehmigt, ist dies unverzüglich bei dem Registergericht einzutragen und bekannt zu machen. Ferner hat der *Director* die Pflicht, dem Gesellschaftsregister eine Kopie des Gesellschafterbeschlusses zur Herabsetzung des Kapitals zu senden.

Des Weiteren gibt es auch bei der Limited ein vereinfachtes Verfahren der Kapitalherabsetzung, wie dies auch nach deutschem Recht der Fall ist. Es ist zwingend, dass die *Directors* eine Solvenzerklärung gem. Sec. 641 – 644 CA 2006 für die nächsten zwölf Monate abgeben, für dessen Richtigkeit sie haften. Die Solvenzerklärung muss fünfzehn Tage vor der Gesellschafterversammlung erstellt werden und alle Gesellschafter müssen Kenntnis von ihr nehmen. Darüber hinaus muss diese an das *Companies House* gesendet werden.

3.4.2.4 Finanzierungsmöglichkeiten

Was die Finanzierungsmöglichkeiten der Limited anbelangt, so stehen ihr im Punkt der Fremdfinanzierung die gleichen Möglichkeiten wie der Unternehmergesellschaft (haftungsbeschränkt) zu (siehe Kapitel D. IV. 1. d)). Im Punkt Eigenfinanzierung kann die Limited die im Unterpunkt c) angesprochene Kapitalerhöhung durch Ausgabe neuer Anteile durchführen.

3.4.3 Abschließende Betrachtung

Als Vorteil der Limited gegenüber der klassischen GmbH wird oft die fehlende Notwendigkeit eines Mindestkapitals angeführt. Dieser Vorteil dürfte nach der Einführung der Unternehmergesellschaft (haftungsbeschränkt) neutralisiert werden. Des Weiteren ist die Hervorhebung dieses vermeintlichen Vorteils nicht gerechtfertigt, denn es ist eine betriebswirtschaftliche Notwendigkeit, bei der Unternehmensgründung über ein gewisses unternehmerisches Startkapital zu verfügen. Verfügt ein Unternehmen nicht über einen bestimmten Basissatz an Eigenkapital, wird ihm regelmäßig die sofortige Überschuldung drohen. Ein weiterer, meines

Erachtens nach wichtiger Punkt, ist die Kreditwürdigkeit eines Unternehmens, bei welcher die Bemessung des Eigenkapitals eine große Rolle spielt. Will ein Unternehmen Fremdkapital aufnehmen, verfügt aber nicht über eine gewisse Eigenkapitalquote, muss es den Gläubigern zwangsläufig andere Sicherheiten bieten. Seit der Einführung von „Basel II", einer einheitlichen Richtlinie für die Vergabe von Krediten, ist es Aufgabe der Banken, die Unternehmen zu bewerten. Im Rahmen dieser Bewertung werden folgende Fragen gestellt: Wie hoch ist das Eigenkapital? Wie kann es erweitert werden? Wie ist die Ertragslage? Welche Marktposition hat das Unternehmen? Wie kompetent ist das Management der Gesellschaft und sind die Gesellschafter und Geschäftsführer als solche seriös und kreditwürdig? Wenn ein Unternehmen, egal ob UG (haftungsbeschränkt) oder Limited, lediglich ein Haftungskapital von einem Euro hat, wirkt sich dies nachteilig auf die Kreditvergabe aus. Gleiches gilt für die Vergabe von Lieferantenkrediten an Unternehmen.

Ein weiterer interessanter Punkt ist die neu eingeführte Pflicht der UG (haftungsbeschränkt) zur Bildung einer Gewinnrücklage gem. § 5a Abs. 3 S. 1 GmbHG i.H.v. 25 Prozent des Jahresüberschusses. Wie sich diese Rücklage in der Praxis genau gestalten lässt, ist noch unklar. Der Gesetzgeber hatte jedoch schon in seiner Gesetzesbegründung angekündigt, dass die Bildung der Rücklage maßgeblich auf legale Art und Weise beeinflusst werden könnte. Diese Beeinflussung könnte sich primär durch die Höhe des Gehalts der Geschäftsführer ergeben, was der aus dem Steuerrecht bekannten Problematik der verdeckten Gewinnausschüttung gleichkommen würde. Ferner kann eine solche Rücklage nur dann gebildet werden, wenn die Gesellschaft erfolgreich am Markt agiert und ein positives Ergebnis erwirtschaftet.

Die gesetzliche Rücklage der Unternehmergesellschaft (haftungsbeschränkt) wird im internationalen Wettbewerb zur Limited teilweise als Nachteil angesehen, denn bei der Limited existiert eine solche Pflicht nicht. Meiner Ansicht nach ist dieser Auffassung jedoch nicht zu folgen, da die Stärkung der Eigenkapitalausstattung durch die Rücklage dem langfristigen Fortbestand der Gesellschaft, dem Gläubigerschutz sowie dem Aufbau einer vertrauenswürdigen neuen Rechtsformvariante dient.

3.5 Auftreten der Gesellschaft im Geschäftsverkehr

3.5.1 Unternehmergesellschaft (haftungsbeschränkt)

Die Unternehmergesellschaft (haftungsbeschränkt) stellt, wie zuvor schon erläutert, keine eigene Rechtsform dar, sondern ist vielmehr eine Variante der GmbH. Sie kann mit nur einem Euro Kapitaleinsatz gegründet werden. Ob und wie die *„kleine Schwester"* der GmbH im Geschäftsverkehr akzeptiert wird und wie sich die Reputation der Unternehmergesellschaft (haftungsbeschränkt) entwickeln wird, bleibt zunächst abzuwarten. Was die Firmierung angeht, so hat die Gesellschaft zwingend gem. § 5 a Abs.1 GmbHG den Rechtsformzusatz Unternehmergesellschaft (haftungsbeschränkt) oder UG (haftungsbeschränkt) zu tragen. Des Weiteren ist die Gesellschaft gem. § 35 a GmbHG zu gewissen Angaben auf Geschäftsbriefen verpflichtet. Zweck dieser Angaben soll es sein, den Geschäftspartner und Dritten die wesentlichen Informationen über die Gesellschaft zu vermitteln. Tritt die Gesellschaft im Rechtsverkehr ohne Kennzeichnung ihrer Rechtsform oder unter der Bezeichnung „GmbH" auf, kann dies zu einer unbeschränkten persönlichen Haftung der Gesellschafter führen. Es kann ferner zur Haftung der Geschäftsführer kommen, wenn die Gesellschaft sich als „GmbH" bezeichnet. Ist dies der Fall, so wird angenommen, dass die Geschäftsführer bis zu der gem. § 5 Abs.1 GmbHG angegebenen Höhe des Mindestkapitals haften. Geschäftsbriefe müssen die folgenden Angaben enthalten: Rechtsform, Sitz der Gesellschaft, Handelsregisternummer sowie Vor- und Nachnamen aller Geschäftsführer. Des Weiteren muss, falls vorhanden, der Vorsitzende des Aufsichtsrates ebenfalls namentlich genannt werden (§ 35 a GmbHG). Die Angabe des Stammkapitals der Gesellschaft auf Geschäftsbriefen ist freiwillig. Wird jedoch eine Angabe hierüber gemacht, hat dies zur Konsequenz, dass die Höhe der noch ausstehenden Einlagen ebenfalls aufzuführen ist. Bei den aufgeführten Angaben handelt es sich um eine doppelte Angabeverpflichtung, denn diese müssen sowohl für die ausländische Hauptniederlassung, als auch für die inländische Zweigniederlassung eingehalten werden, soweit eine solche vorhanden ist. Wird gegen diese Formerfordernisse verstoßen, kann gem. § 79 GmbHG ein Zwangsgeld gegen die Gesellschaft verhängt werden.

3.5.2 Limited

Die Limited hat sich in den letzten Jahren in Deutschland immer fester im Geschäftsleben etabliert und hat bei Neugründern nicht zuletzt durch ihr niedriges Stammkapital, den einfachen Gründungsvoraussetzungen sowie der Haftungsbeschränkung an Beliebtheit gewonnen. Gemäß den jüngsten Studien treten in Deutschland mehr als 40.000 Gesellschaften im Rechtsverkehr in der Rechtsform der Limited auf. Ferner kann an dieser Stelle angemerkt werden, dass die Rechtsform der Private Company Limited by Shares mit 2,2 Millionen beim *Companies House* registrierten Gesellschaften zu einer der beliebtesten Rechtsformen weltweit zählt. Dies könnte den von der Weltbankgruppe angegebenen Grund bestätigen, dass die Gründung einer Gesellschaft in England einfacher sei, als in jedem anderen EU-Zuständigkeitsbereich. Es muss jedoch angemerkt werden, dass die Limited in Deutschland stets etwas kritisch gesehen wird, da sie durch die sehr geringe Ausstattung mit Haftungskapital als nicht sehr kreditwürdig eingestuft wird und die zugrunde liegenden englischen Haftungstatbestände fremd sind. Des Weiteren wurde die Limited in der Vergangenheit oft für illegale Zwecke missbraucht.

Was das Auftreten der Gesellschaft im Geschäftsverkehr anbelangt, ist auch die Limited an gewisse Vorschriften gebunden (§ 35 a Abs. 4 S.1 GmbHG, § 80 Abs. 4 S. 1 AktG, § 125 a Abs. 1 S. 2, § 177 a S. 2 HGB) und muss, wenn sie in Deutschland tätig ist, den vom Inland ausgehenden Schriftverkehr kenntlich machen. Anzugeben sind hier das Registergericht, bei welchem die Zweigniederlassung geführt wird, die Nummer des Registereintrages, die vollständige ausländische Firma inklusive des Rechtsformzusatzes Ltd. sowie das Registergericht der ausländischen Zweigniederlassung. Wird gegen diese Vorschriften verstoßen, gelten die gleichen Sanktionen wie sie bei der Unternehmergesellschaft (haftungsbeschränkt) angesprochen wurden.

3.5.3 Abschließende Betrachtung

In Bezug auf das Auftreten der Gesellschaften im Geschäftsverkehr unterscheiden sich Limited und Unternehmergesellschaft (haftungsbeschränkt) nur marginal in den im Geschäftsverkehr anzugebenden Informationen.

Betrachtet man die beiden Gesellschaftsformen unter dem Gesichtspunkt der Reputation, können sich große Unterscheide ergeben. In den meisten Fällen kann eine Korrelation zwischen dem Ansehen der Gesellschaft im Rechtsverkehr und der Eigenkapitalausstattung beobachtet werden, denn eine angemessene Kapitalausstattung strahlt auch eine gewisse Seriosität der Rechtsform aus. Was das Ansehen der Unternehmergesellschaft (haftungsbeschränkt) im nationalen sowie internationalen Rechtsverkehr betrifft, kann hierzu zum heutigen Zeitpunkt noch nichts Konkretes prognostiziert werden. Mit Sicherheit muss sich diese soeben neu eingeführte Gesellschaft erst einmal das Prestige, wie es die GmbH nach 115 erfolgreichen Jahren weltweit besitzt, hart erarbeiten.

Was die Limited anbelangt, gilt es hinsichtlich der Anwendbarkeit des deutschen oder englischen Rechts noch einige höchstrichterliche Entscheidungen abzuwarten. Die Limited besitzt in Deutschland keinen guten Ruf, was unter anderem auf das geringe Haftungskapital zurückzuführen ist.

Des Weiteren kam es in der Vergangenheit zu zahlreichen Missbräuchen und Problemen, z.B. bei dem „*Company Hijacking*“ oder bei der Eintragung in das deutsche Handelsregister (welche heute Pflicht ist). Banken lehnen regelmäßig auch heute noch die Kreditvergabe und Kontoeröffnung ab, Finanzämter und Behörden konnten sich nicht mit der Gesellschaftsform anfreunden. All diese Vorurteile und Probleme waren nicht gänzlich unbegründet, denn einen Großteil der in Deutschland niedergelassenen Limiteds gab es nach einem Jahr bereits nicht mehr und viele von ihnen wurden wegen Missachtung der Publizitätspflichten vom *Companies House* zwangsgelöscht. Sieht man die Rechtsform der Limited jedoch unter internationalen Gesichtspunkten, bietet sie eine hervorragende Reputation und ihre Rechtsform ist weltweit durchaus bekannt und geschätzt.

3.6 Insolvenz und Liquidation der Gesellschaft

3.6.1 Unternehmergesellschaft (haftungsbeschränkt)

3.6.1.1 Liquidation

Die Auflösung der Gesellschaft kann nach den in § 60 GmbHG genannten Gründen erfolgen. Diese sind: Der Zeitablauf (§ 60 Abs. 1 Nr. 1 GmbHG), der Auflösungsbeschluss der Gesellschaftsversammlung (§ 60 Abs. 1 Nr. 2 GmbHG), die Eröffnung des Insolvenzverfahrens (§ 60 Abs. 1 Nr. 4 GmbHG), die Auflösung wegen Satzungsmangel nach § 60 Abs. 1 Nr. 6 GmbHG i.V.m § 144 a FGG, die Auflösung wegen Vermögenslosigkeit nach § 60 Abs. 1 Nr. 7 i.V.m § 141 a FGG, die Auflösung durch Gerichtsurteil (§ 61 GmbHG), die Auflösung durch eine Verwaltungsbehörde (§ 62 GmbHG) oder aufgrund der im Gesellschaftsvertrag vereinbarten Gründe gem. § 60 Abs. 2 GmbHG. Der Begriff der Liquidation ist jedoch streng von dem der Beendigung der Gesellschaft zu trennen, denn der Begriff Liquidation beschreibt lediglich die Abwicklung der Auflösung der Gesellschaft. Mit dem Auflösungsbeschluss als solches, über den mit einer ¾ Mehrheit abgestimmt werden muss, gilt die Gesellschaft nicht als beendet, vielmehr tritt das Abwicklungsverfahren (Liquidation) ein. Ziel dessen ist es, alle Gläubiger der Gesellschaft zu befriedigen sowie das restliche Vermögen auf die Gesellschafter zu verteilen (§§ 65 bis 74 GmbHG). Durch den Liquidationsbeschluss der Gesellschaftsversammlung wird die Gesellschaft nicht beendet, sondern vielmehr ändert sich der Zweck der Gesellschaft von einer werbenden hin zu einer abwickelnden Gesellschaft. Die volle Beendigung der UG (haftungsbeschränkt) tritt erst dann ein, wenn die Gesellschaft vermögenslos (Befriedigung aller Gläubiger sowie

Verteilung des Vermögens an die Gesellschafter) geworden ist und die Löschung der Gesellschaft im Handelsregister eingetragen ist. Regelmäßig führen gem. § 66 GmbHG die Geschäftsführer die Liquidation als Liquidatoren durch, soweit durch den Gesellschaftsvertrag oder durch Gesellschaftsbeschluss keine andere Person als Liquidator bestellt wird. In der neuen Mustersatzung zur Unternehmergesellschaft (haftungsbeschränkt) ist der Liquidator jedoch unbestimmt. Ferner sind die Liquidatoren gem. § 67 GmbHG zur Eintragung in das Handelsregister anzumelden. Des Weiteren muss die Firma gem. § 68 Abs. 2 GmbHG einen der Zusätze „in Liquidation", „i. L." oder „i. A." (strittig) beifügen.

3.6.1.2 Insolvenz

Die UG (haftungsbeschränkt) sowie die Vor-UG (haftungsbeschränkt) sind als juristische Personen und Handelsgesellschaften insolvenzfähig. Der Begriff der Insolvenz bedeutet, dass ein Unternehmen nicht mehr in der Lage ist, seine fälligen Zahlungspflichten zu erfüllen und die Zahlungen eingestellt hat (§ 17 Abs. 2 InsO). Dies wird nach § 17 InsO als Insolvenzgrund angesehen. Der Tatbestand der vorübergehenden Zahlungsstockung ist klar von der Zahlungsunfähigkeit abzugrenzen, denn diese ist lediglich als ein Liquiditätsengpass zu betrachten, welcher nicht länger andauern darf als eine kreditwürdige Person braucht, um sich finanzielle Mittel zu leihen (zwei bis drei Wochen). Stellt der Geschäftsführer die Zahlungsunfähigkeit fest, so hat er unverzüglich (§ 15 a InsO) nach Eintritt der Zahlungsunfähigkeit die Eröffnung des Insolvenzverfahrens zu beantragen. Ferner haben die Geschäftsführer seit der Einführung der UG (haftungsbeschränkt) bei drohender Zahlungsunfähigkeit gem. § 18 Abs. 2 InsO die Pflicht, unverzüglich die Gesellschafterversammlung einzuberufen (§ 5 a Abs. 4 GmbHG). Sollten sie gegen diese Pflicht verstoßen, ist dies gem. § 84 Abs. 1 GmbHG strafbar. Des Weiteren müssen die Geschäftsführer oder die Liquidatoren gem. § 15 a Abs. 1 S. 1 InsO den Antrag auf Insolvenz beim Amtsgericht (Insolvenzgericht) am Sitz der Gesellschaft stellen (§§ 2 und 3 InsO). Antragsberechtigt ist jeder Geschäftsführer und auch Liquidator für sich alleine. Dies gilt auch für den Fall, dass die Geschäftsführer nur gesamtvertretungsberechtigt sind (§ 15 Abs. 1 InsO). Ist der Insolvenzantrag gestellt, wird geprüft, ob die Vermögensmasse der Gesellschaft zur Deckung der voraussichtlichen Kosten des Verfahrens ausreicht.

Sollte die Vermögensmasse nicht ausreichend sein, wird der Insolvenzantrag mangels Masse gem. § 26 InsO abgewiesen und die Gesellschaft wird aufgelöst. Ist die Insolvenzmasse ausreichend, wird dem Antrag auf Insolvenz stattgegeben und die Eröffnung des Insolvenzverfahrens bewirkt gem. § 60 Abs. 1 Nr. 4 GmbHG die Auflösung der Gesellschaft. Zudem ist die Eröffnung des Insolvenzverfahrens nach § 65 Abs. 1 S. 2 und 3 GmbHG in das Handelsregister einzutragen. Durch die Eröffnung des Insolvenzverfahrens geht das gesamte Vermögen der Gesellschaft auf den Insolvenzverwalter über (§ 35 InsO), welcher dazu berechtigt ist, alle ausstehenden Einlagen einzuziehen, die Gesellschaft samt Firma zu veräußern sowie eventuelle Schadensersatzansprüche gegen den Geschäftsführer geltend zu machen. Ferner übernimmt er die Verfügungsbefugnis gem. § 80 InsO. Tritt der Insolvenzverwalter sein Amt an, bedeutet dies nicht, dass die Organe der UG (haftungsbeschränkt) ihre Stellung verlieren, ihr Aufgabengebiet wird lediglich auf gesellschaftsinterne Aufgaben verlagert. Neben der Organstellung bleiben auch die Anstellungsverhältnisse weiterhin bestehen, es sei denn, dass beispielsweise der Geschäftsführer die Insolvenzantragspflicht verletzt hat. Dann kann er aus wichtigem Grund gekündigt werden. Die Aufgabe des Insolvenzverwalters ist es, das Vermögen des Unternehmens zu verwerten und die Gläubiger der Gesellschaft durch die daraus resultierenden Erlöse gemeinschaftlich zu befriedigen sowie anhand eines Insolvenzplanes den Erhalt des Unternehmens sicherzustellen.

3.6.2 Limited

3.6.2.1 Liquidation

Die Liquidation der Limited („*liquidation*" oder auch „*winding-up*" genannt) ist im englischen Recht zwischen der freiwilligen und der zwangsweisen Liquidation zu unterscheiden. Dieser Unterpunkt befasst sich mit der freiwilligen Liquidation, welche der deutschen Abwicklung nahe kommt. Die zwangsweise Liquidation wird unter dem Unterpunkt b) Insolvenz, behandelt. Wollen die Gesellschafter eine freiwillige Liquidation der Gesellschaft durchführen, ist dies nur möglich, wenn die Gesellschaft noch zahlungsfähig ist. Ist die Gesellschaft nicht mehr zahlungsfähig, kann die Liquidation nur von den Gläubigern betrieben werden.

Bei der freiwilligen Liquidation unter der Leitung der Gesellschafter („*Members Voluntary Liquidation*", Sec. 90 Insolvency Act 1986 (*MVL*)) sind die *Directors* gem. Sec. 89 Insolvency Act 1986 dazu verpflichtet eine sog. „*statutory declaration of solvency*" abzugeben, welche die Zahlungsfähigkeit der Gesellschaft für die nächsten zwölf Monate garantiert. Wurde diese Erklärung abgegeben, beschließen die Gesellschafter in einer „*special resolution*", dass sie die Gesellschaft liquidieren wollen und veröffentlichen dies in der London Gazette. Ferner hat die Gesellschaft binnen fünfzehn Tagen eine Kopie der Solvenzerklärung sowie der „*special resolution*" an das *Companies House* zu senden. Durch den Beschluss der Gesellschafter beginnt die Abwicklung und die Gesellschaft hat ihre Geschäfte einzustellen. Für die dann folgende Liquidation haben die Gesellschafter einen Liquidator zu bestellen, der das nicht liquide Vermögen veräußert, ausstehende Einlagen einfordert, Gläubigeransprüche erfüllt sowie den restlichen Erlös an die Gesellschafter ausschüttet. Kann die Limited hingegen ihre Verbindlichkeiten nicht aus dem Gesellschaftsvermögen begleichen, hat der Liquidator innerhalb von 28 Tagen eine Gläubigerversammlung einzuberufen. Darüber hinaus wandelt sich die Liquidation von einer solchen mit Solvenzerklärung in eine Liquidation ohne Solvenzerklärung um (*„creditors voluntary liquidation"*, Sec. 95 Insolvency Act (*CVL*)). Die *CVL* benötigt jedoch eine „*extraordinary resolution*" der Gesellschafter, in welcher diese angeben, dass die Gesellschaft aufgrund der Zahlungsunfähigkeit nicht fortgesetzt werden kann, sowie eine Bekanntgabe in der London Gazette und beim *Companies House*.

3.6.2.2 Insolvenz

Was die Insolvenz der Limited anbelangt, so ist hier zwischen der ausschließlich in Großbritannien tätigen Gesellschaft und der Insolvenz einer Gesellschaft mit Verwaltungssitz in Deutschland zu unterscheiden. In diesem Unterpunkt soll ausschließlich die Insolvenz einer in Deutschland tätigen Limited behandelt werden. Die Insolvenz der in Deutschland ansässigen Limited ist rechtlich sehr kompliziert und in vielen Aspekten noch ungeklärt, besonders ist hier die Qualifikation des anzuwendenden Rechts zu nennen. Auslöser dieser Problematik ist, dass in einem solchen Fall die Frage des anzuwendenden Rechts zu beantworten ist, ob es sich um internationales Gesellschaftsrechts oder internationales Insolvenzrecht handelt oder ob der Sachverhalt nach deutschem oder englischem Recht beurteilt werden soll. Folgt man dem internationalen Insolvenzrecht, so gilt das Recht des Mitgliedstaates, in welchem das Verfahren eröffnet wird (Art. 4 Abs. 2 S. 1 EUInsVO sog. „*Lex fori concursus*"). Dies ist regelmäßig das Gericht an dem Ort, an dem der Schuldner den Mittelpunkt seiner Interessen hat (Art. 3 Abs. 1 EUInsVO). Ein weiterer Aspekt ist in diesem Zusammenhang die Frage, wann ein Insolvenzgrund vorliegt, denn dies richtet sich nach den in Art. 4 Abs. 2 S. 1 EUInsVO genannten Gründen. Ein solcher Grund liegt insbesondere bei der Überschuldung und Zahlungsunfähigkeit der Gesellschaft vor. Wie diese zu bestimmen sind, kann sich nur nach englischem Recht richten, denn jede andere Regelung würde die ausländischen Kapitalverfassungsregeln missachten sowie einen Eingriff in das Gesellschaftsstatut und eine starke Einschränkung der Niederlassungsfreiheit darstellen. Strittig ist jedoch, nach welchem Recht sich die Insolvenzantragspflicht richtet. Diese ist nach der h.M. regelmäßig als insolvenzrechtlich einzustufen. Folgt man dieser Auffassung, würde dies bedeuten, dass erneut ein unzulässiger Eingriff in die Kapitalausstattung der Gesellschaft stattfinden würde. Im Ergebnis kann festgehalten werden, dass sich die Insolvenzantragspflicht nach dem Gesellschaftsstatut, dem britischen Recht, richtet und die *Directors* bei Verstößen auch nach diesem haften. Würde man jedoch der Theorie folgen, dass deutsches Recht auf die Insolvenzantragspflicht anzuwenden ist, wäre die Limited aufgrund ihrer niedrigen Kapitalausstattung von meist nur 100 Pfund (110,97€) bereits bei Vornahme des ersten Rechtsgeschäfts überschuldet und müsste den Insolvenzantrag stellen.

3.6.3 Abschließende Betrachtung

Gerade was den Themenbereich der Insolvenz anbelangt, herrscht in der Literatur noch in einigen wichtigen Punkten Uneinigkeit. Einer der Streitpunkte ist die bisher in Einzelgesetzen geregelte Insolvenzantragspflicht des Geschäftsführers oder *Directors* sowie die Frage, ob diese als gesellschaftsrechtlich oder insolvenzrechtlich zu qualifizieren ist. Die Insolvenzantragspflicht gem. § 64 Abs. 1 GmbHG wurde im Verlauf der MoMiG-Reform aus dem Gesellschaftsrecht herausgelöst und in das Insolvenzrecht eingefügt. Dies sollte bewirken, dass in Zukunft keine Streitigkeiten mehr auftreten, welches Recht mit Bezug auf Auslandsgesellschaften im Punkt Insolvenzantragspflicht anzuwenden sei. Dieser neu eingeführte § 15 a Abs. 1 und Abs. 2 InsO n.F. soll somit eine rechtsformneutrale und einheitlich geltende Insolvenzantragspflicht sicherstellen, welche explizit auch auf Vertretungsorgane von Auslandsgesellschaften Anwendung finden soll. Mit dieser Regelung schien die vordergründige Problematik bezüglich der Qualifizierung abgeschlossen zu sein. Betrachtet man diese neu eingeführte Strafnorm des § 15 a Abs. 4 InsO näher, so erweist sich diese als problematisch. Grund dieser Problematik ist, dass die Norm voraussetzt, dass sich die Antragspflicht des *Directors* einer Limited (welche ihren Mittelpunkt der hauptsächlichen Interessen in Deutschland hat (*centre of main interests,* COMI, i.S.d. Art. 3 EuInsVO)) nach deutschem Recht bestimmt. Jedoch ist genau diese Voraussetzung heftig umstritten und europarechtlich zweifelhaft. Zur Begründung der Zweifel kann hier angeführt werden, dass die Pflicht der Beantragung zur Eröffnung des Insolvenzverfahrens der Eröffnung selbst vorgelagert ist, somit ist eine insolvenzrechtliche Qualifikation nicht unbedingt zwingend. Die Insolvenzantragspflicht liegt im Ergebnis im Grenzbereich zwischen Gesellschafts- und Insolvenzrecht. Als Alternative könnte jedoch auch die zum englischen Recht führende gesellschaftsrechtliche Qualifikation der Antragspflicht in Betracht kommen. Die Rechtsfolge dieser Alternative wäre, dass die in § 15 a InsO angeführte Strafbarkeit des Directors einer Limited ins Leere laufen würde.

Folgt man der herrschenden Meinung bezüglich der alten Fassung des § 64 Abs.1 GmbHG i.V.m § 823 Abs. 2 BGB, führt dies dazu, dass die Insolvenzantragspflicht nach dem Insolvenzrecht zu qualifizieren ist. Die Gegenmeinung ist der Auffassung, dass die Insolvenzantragspflicht nach dem Gesellschaftsrecht zu qualifizieren sei.

Um diese Frage beantworten zu können, muss vorerst geklärt werden, was dem Insolvenzrecht zuzuordnen ist. Diese Frage lässt sich im Wege der Auslegung des Art. 4 EuInsVO beantworten. Der in der Verordnung aufgeführte und in Abs. 2 näher konkretisierte Begriff des „Insolvenzrechts" ist verordnungsautonom zu verstehen, was bedeutet, dass die Qualifikationsfrage von der EuInsVO zu beantworten ist, und eben nicht vom deutschen Recht. Im Ergebnis kann festgehalten werden, dass es irrelevant ist, ob der deutsche Gesetzgeber die Haftungsnormen im Gesellschafts- oder Insolvenzrecht kodifiziert, denn er hat nicht die Möglichkeit durch ein Verschieben der Haftungsnormen die Reichweite des Art 4 EuInsVO einseitig zu beeinflussen. Die Beantwortung der Qualifikationsfrage könnte somit durch die Einführung des neuen § 15 a InsO gescheitert sein. Des Weiteren könnte dies gegen die Niederlassungsfreiheit gem. Art. 43, 48 EGV verstoßen.

Es gibt gute Gründe die Insolvenzantragspflicht dem Gesellschaftsrecht zu entnehmen, jedoch gibt es auch Gründe diese dem Insolvenzrecht zu entnehmen. Angesichts dieser Unklarheiten bleibt es abzuwarten, bis dem EuGH diese Frage zur Klärung im Vorabentscheidungsverfahren vorgelegt wird, damit auch in diesem Punkt Rechtssicherheit herrscht. Eine genaue Prognose, wie diese Entscheidung ausfallen wird kann derzeit nicht abgegeben werden. Sollte der EuGH sich jedoch für die gesellschaftsrechtliche Qualifikation entscheiden, und somit den europarechtlichen Bedenken den Vorzug gewähren, würde dies zur Konsequenz haben, dass es bei der Rechtsform der Limited zu einer nicht unbeachtlichen Strafbarkeitslücke kommen würde.

Meines Erachtens ist in diesem Streitfall der Mindermeinung zu folgen. Sollte sich die Insolvenzantragspflicht nicht nach dem Gesellschaftsstatut bestimmen, wird zu erwarten sein, dass die in Deutschland tätige Limited regelmäßig mit der Aufnahme des ersten Rechtsgeschäfts aufgrund ihrer niedrigen Kapitalausstattung überschuldet sein wird. Ferner würde ich die Unternehmergesellschaft (haftungsbeschränkt) der Limited auch bei dem in diesem Kapitel behandeltem Thema vorziehen, denn die UG (haftungsbeschränkt) unterliegt für den deutschen Unternehmer klaren, strukturierten Gesetzen und muss im Falle einer eintretenden Insolvenz nicht die zahlreichen Rechtsvorschriften zweier zum Teil doch sehr verschiedener Rechtssysteme berücksichtigen.

3.7 Rechnungsprüfung, Abschlussprüfung und Publizitätspflichten

3.7.1 Unternehmergesellschaft (haftungsbeschränkt)

3.7.1.1 Buchführung und Rechnungslegung

Gemäß § 41 GmbHG ist der Geschäftsführer einer Gesellschaft dafür verantwortlich, dass eine ordnungsgemäße Buchführung gewährleistet wird. Die Verpflichtung zur Buchführung ergibt sich aus der Qualifizierung der UG (haftungsbeschränkt) als Formkaufmann gem. § 13 Abs. 3 GmbHG, § 6 Abs. 1 HGB sowie aus den allgemeinen handels- und steuerrechtlichen Bestimmungen gem. §§ 283 Abs. 1, 242 HGB, § 140 AO. Die Buchführungspflicht der Gesellschaft beginnt mit dem ersten Geschäftsvorfall der Vorgesellschaft nach Abschluss des Gesellschaftervertrages, auch wenn die Handelregisteranmeldung noch nicht erfolgte. Der Umfang der Buchführung ergibt sich bei der UG (haftungsbeschränkt) aus den handelsrechtlichen Vorschriften über die Rechnungslegung gem. §§ 238, 264 ff. HGB i.V.m § 42 a GmbHG sowie aus den Grundsätzen der ordnungsgemäßen Buchführung. Insbesondere regelt § 267 HGB den Umfang der Pflichten aufgrund der Größe der Gesellschaft. Es kann hier zwischen kleinen (§ 267 Abs. 1 HGB), mittleren (§ 267 Abs. 2) und großen (§ 267 Abs. 3 HGB) Gesellschaften unterschieden werden. Als Unterscheidungsmerkmale wird auf die folgenden drei Parameter abgestellt: Bilanzsumme, Umsatzerlöse und die Zahl der Arbeitnehmer im Jahresdurchschnitt. Die Buchführungs- und Rechnungslegungspflicht bedeutet im Einzelnen: Die Pflicht zur Aufstellung der Eröffnungsbilanz (§ 242 Abs. 1 HGB) und des Jahresabschlusses (§ 242 Abs. 1 HGB), das Führen von Handelsbüchern, die Aufzeichnung aller Geschäftsvorfälle, die Inventarpflicht, die Pflicht zur Aufbewahrung aller geschäftsrelevanten Unterlagen sowie die Pflicht zur Erteilung des Abschlussprüfungsauftrages. Der Jahresabschluss gem. § 242 Abs. 1 HGB ist zum Ende eines jeden Geschäftsjahres aufzustellen und besteht aus der Gewinn- und Verlustrechnung (GuV § 275 HGB), der Bilanz und dem Anhang. Der Anhang dient der

Offenlegung von Informationen über Vermögens-, Finanz- und Ertragslage der Gesellschaft, welche aus der Bilanz und der GuV nicht ohne Weiteres zu erkennen sind. Ferner nennen die §§ 284 ff. HGB einige Angaben, die im Anhang zu machen sind. Zusätzlich ist bei der Bilanz zwischen der Handels- und der Steuerbilanz zu unterscheiden. Letztere wird im Kapitel D. VIII genauer betrachtet.

3.7.1.2 Abschlussprüfung und -bericht

Gemäß § 316 Abs. 1 S. 1 HGB haben mittelgroße und große GmbHs einen Abschlussprüfer zu bestellen, welcher den Jahresabschluss und Lagebericht prüft. Die Prüfung des von der Gesellschafterversammlung bestellten gesetzlichen Abschlussprüfers umfasst die Bilanz, die GuV, den Anhang sowie die zugrundeliegende Buchführung. Die Geschäftsführer haben dem Abschlussprüfer den Jahresabschluss unverzüglich nach der Aufstellung vorzulegen sowie ihm Einsicht in alle relevanten Geschäftsbücher zu gewähren (§ 320 Abs. 1 Satz 2 HGB). Hat der Abschlussprüfer die Prüfung beendet, muss er die Prüfungsergebnisse in einem Prüfungsbericht schriftlich festhalten (§ 321 Abs. 1 Satz 1 HGB). Der Prüfungsbericht gliedert sich in drei Abschnitte: Der erste Abschnitt befasst sich mit der Beurteilung der Lage des Unternehmens sowie der Darstellung, ob während der Prüfung Unrichtigkeiten, Gesetzesverstöße oder Tatsachen festgestellt wurden, die den Bestand des Unternehmens oder seine Entwicklung gefährden. Im Hauptteil erläutert der Abschlussprüfer, ob die zur Prüfung vorgelegten Unterlagen, wie bspw. der Jahresabschluss, den gesetzlichen Vorschriften und der Satzung entsprochen haben und die tatsächliche Lage des Unternehmens widerspiegeln. Im dritten und letzten Teil sind gem. § 321 Abs. 3 HGB der Gegenstand, die Art und der Umfang der Prüfung zu erläutern.

Nach Abschluss der Prüfung hat der Prüfer seine Ergebnisse in einem Bestätigungsvermerk zusammenzufassen und der Geschäftsführung vorzulegen (§ 321 Abs. 5 Satz 1 HGB).

3.7.1.3 Publizitäts- und Offenlegungspflicht

Kapitalgesellschaften, somit auch die UG (haftungsbeschränkt), unterliegen der gesetzlichen Pflicht zur Veröffentlichung und Vervielfältigung von Jahresabschlüssen (§§ 325 - 329 HGB). Die Geschäftsführer haben gem. § 325 Abs. 1 u. 2 HGB den Jahresabschluss und die weiteren in § 325 Abs. 1 S. 3 HGB genannten Dokumente unverzüglich nach Vorlage an die Gesellschafter in elektronischer Form beim elektronischen Bundesanzeiger einzureichen und deren Bekanntmachung zu veranlassen. Der elektronische Bundesanzeiger muss die eingereichten Unterlagen gem. § 8 Abs. 3 Nr. 1 HGB n.F. an das Unternehmensregister weiterleiten. Hier besteht die zentrale Möglichkeit zur Einsichtnahme. Kommt ein Unternehmen der Offenlegungs- und Publizitätspflicht nicht oder nur unvollständig nach, wird von Amts wegen ein Ordnungsgeldverfahren eingeleitet (Art. 61 Abs. 5 EGHGB). Die Höhe dieses Ordnungsgeldes kann sich von 2.500 Euro auf bis zu 25.000 Euro belaufen.

3.7.2 Limited

3.7.2.1 Buchführung und Rechnungslegung

Die Limited hat auch dann die Buchführungspflicht in Großbritannien (Sec. 386 (1) CA 2006), wenn sie ausschließlich in Deutschland tätig ist und auch dort ihren Verwaltungssitz hat. Die gesamte Buchführung der Gesellschaft muss alle weltweiten Aktivitäten umfassen und dazu geeignet sein, jeden Geschäftsvorfall zu dokumentieren und zu erläutern, somit auch die der Zweigniederlassung in Deutschland. Die Buchführung ist in einem Vermögensverzeichnis zusammenzustellen, welches alle täglichen Ein- und Auszahlungen festhält und drei Jahre am Ort des „registered office" aufbewahrt werden muss (Sec. 388 (1) CA 2006). Ferner müssen die Bücher jederzeit für den *Director* sowie den *Secretary* zugänglich sein. Am Ende eines jeden Geschäftsjahres hat die Gesellschaft einen Jahresabschluss *(„annual accounts")* zu erstellen, welcher aus der Bilanz *(„balancesheet")*, der Gewinn- und Verlustrechnung (*„profit and lost account"*) sowie dem Anhang *(„notes")* besteht (Sec. 394 CA 2006). Die rechtlichen Rahmenbedingungen für die Bilanzierung finden sich im englischen Recht primär im Companies Act 2006 Abschnitt 15. Die nichtgesetzlichen Bestimmungen finden sich für die Rechnungslegung im *„statements of standard accounting practices"* (kurz *SSAP)* und für die Finanzberichtserstattung in den *„financial reporting Standards"* (kurz *FRS)*. Diese Vorschriften haben keinen Rechtsnormcharakter, dennoch sind sie für die Limited verbindlich. Des Weiteren ist dem Jahresabschluss ein Geschäftsbericht des *Directors* beizufügen und beim *Companies House* einzureichen. Für kleinere Gesellschaften *(„small companies",* Ss. 381 ff. CA 2006) ergeben sich vereinfachte Vorschriften in Bezug auf den Jahresabschluss. Diese müssen beispielsweise nur einen verkürzten Jahresabschluss erstellen, welcher keine Gewinn- und Verlustrechnung beinhaltet (Sec. 444 (1) CA 2006). Ist die Limited auch in Deutschland tätig, hat sie die Pflicht, die Geschäftsbücher zeitnah an den *Secretary* zur Aufbewahrung nach Großbritannien zu senden, so dass die Unterlagen jederzeit von Dritten eingesehen werden können.

3.7.2.2 Abschlussprüfung und -bericht

Die Prüfungspflichten für den Jahresabschluss einer englischen Limited bestimmen sich ausschließlich nach englischem Recht. Dies ergibt sich daraus, dass die in Deutschland tätige Limited nicht zur Erstellung eines inländischen Jahresabschlusses nach dem HGB verpflichtet ist. Jede Gesellschaft ist jedoch zur Abschlussprüfung des Jahresabschlusses verpflichtet und hat einen Prüfer *(„Auditor")* zu bestimmen. Der Prüfer darf kein Amt bei der Gesellschaft ausüben oder in irgendeiner Form bei der Gesellschaft angestellt sein. Es kommen als Prüfer sowohl natürliche Personen als auch Prüfungsgesellschaften in Betracht, welche anerkanntes Mitglied eines vom Wirtschaftsministerium geprüften Verbandes sein müssen. Der *Auditor* hat den Jahrsabschluss auf einen *„true and fair view"* der wirtschaftlichen Verhältnisse hin zu prüfen. Dies bedeutet, dass er insbesondere prüfen muss, ob der Jahresabschluss mit den Geschäftsbüchern übereinstimmt, sowie ob die Gewinn- und Verlustrechnung die wirtschaftlichen Verhältnisse abdeckt (Sec. 495 CA 2006). Nach abgeschlossener Prüfung berichten die Auditors den Gesellschaftern über ihr Ergebnis (Sec. 423 CA 2006). Sollte der Prüfer bei der Prüfung seine Sorgfaltspflicht verletzt haben, so macht er sich gegenüber der Gesellschaft sowie gegenüber Dritten schadensersatzpflichtig.

3.7.2.3 Publizitäts- und Offenlegungspflicht

Die in der Bundesrepublik Deutschland tätige Gesellschaft ist zwar nicht rechnungslegungspflichtig, dennoch ist sie publizitätspflichtig. Die *Directors* als gesetzliche Vertreter der Kapitalgesellschaft der Limited haben gem. § 325 Abs. 1 S. 1 HGB die Pflicht, den Jahresabschluss beim deutschen Handelsregister sowie gem. Sec. 442 (2) (a) CA 2006 innerhalb von zehn Monaten nach Ende des Geschäftsjahres beim *Companies House* einzureichen. Die beim Handelsregister vorzulegenden Unterlagen können gem. § 325a Abs.4 HGB in englischer Sprache eingereicht werden, sie sind jedoch vom *Companies House* zu beglaubigen. Die Beglaubigung muss übersetzt werden und diese Übersetzung ist ihrerseits zu beglaubigen (§ 325 a, § 329 HGB). Des Weiteren sind die *Directors* verpflichtet, einen jährlichen Bericht (*„annual report"*) beim *Companies House* einzureichen, welcher Angaben über die Beteiligungsverhältnisse, den aktuellen Satzungssitz sowie die Verwaltungsorgane enthält. Sollten die *Directors* der Verpflichtung zur Einreichung der genannten Unterlagen beim *Companies House* nicht nachkommen, kann dies erhebliche Geldstrafen für die *Directors* und Schriftführer der Gesellschaft zur Folge haben. Kommen die *Directors* nach Aufforderung des *Companies House* der Forderung zur

Einreichung des Jahresabschlusses oder des *„annual reports“* nicht nach, kann die Gesellschaft aus dem Register gelöscht werden. Ferner hat die Gesellschaft die Pflicht, den Jahresabschluss allen Inhabern von Schuldverschreibungen sowie allen zur Teilnahme an der Gesellschafterversammlung berechtigten Personen zukommen zu lassen (Sec. 423 (1) CA 2006).

3.7.3 Abschließende Betrachtung

Im Kapitel Rechnungslegung, Abschlussprüfung und Publizitätspflichten fällt auf, dass es für den Unternehmer einer Limited einen erheblichen Mehraufwand bedeutet, wenn diese nach allen gesetzlichen Vorschriften in Deutschland betrieben werden soll. Die Limited sowie die Unternehmergesellschaft (haftungsbeschränkt) sind beide Kaufmann kraft Rechtsform und somit zur Rechnungslegung und Buchführung verpflichtet. Ein wesentlicher Unterschied ergibt sich beim Jahresabschluss, welchen die Limited nicht nach deutschem, sondern nach englischem Recht zu erstellen hat. Zudem ist die Limited verpflichtet, einen Abschlussprüfer (*„Auditor“*) zu bestellen, welcher den Jahresabschluss auf seine Richtigkeit prüft. Berücksichtigt die Limited ihre in England bestehenden Pflichten, so kommt für sie noch hinzu, dass sie auch in Deutschland zur Erstellung der Steuerbilanz verpflichtet ist, was zusätzliche Kosten verursacht. Im Ergebnis kann für den Jahresabschluss festgehalten werden, dass die Limited im Vergleich zur UG (haftungsbeschränkt) einen erheblichen Nachteil hat, da diese Pflichten die Verwaltungskosten erhöhen. Ein weiterer Punkt ist die Publizitätspflicht der Gesellschaften. Auch hier hat die Unternehmergesellschaft (haftungsbeschränkt) einen Vorteil, denn sie muss diese nicht, wie dies bei der Limited der Fall ist, in zwei Rechtssystemen erfüllen, sondern nur in Deutschland. Was das englische Kapitalgesellschaftsrecht auszeichnet, ist eine besonders starke Staatsaufsicht, welche die liberalen Kapitalisierungsregeln dahingehend überprüft, ob Gläubiger der Gesellschaft benachteiligt oder Publizitätspflichten vernachlässigt werden. Sollte eine Limited nicht den Pflichten des englischen Rechts nachkommen, kann z.B. die Nichteinreichung des Jahresabschlusses zur Löschung der Gesellschaft aus dem *Companies Register* führen, was bewirkt, dass das gesamte Vermögen der Limited der *„englischen Krone“* zufällt, sowie dass die Limited als juristische Person nicht mehr besteht. Dies bedeutet, dass die Limited ihr Haftungsprivileg verliert und die Gesellschafter mit ihrem Privatvermögen für alle bestehenden Verbindlichkeiten der Gesellschaft persönlich haften.

3.8 Besteuerung

3.8.1 Unternehmergesellschaft (haftungsbeschränkt)

3.8.1.1 Steuerpflicht

Bei der UG (haftungsbeschränkt) ist vorab zu erwähnen, dass die Vorgründungsgesellschaft (GbR oder OHG) und die später entstehende UG (haftungsbeschränkt) unter steuerrechtlichen Gesichtspunkten losgelöst voneinander zu beurteilen sind, denn als Personengesellschaft ist die Vorgründungsgesellschaft selbst nicht einkommensteuerpflichtig. Nach Abschluss des Gesellschaftsvertrags wird die Vor-UG (haftungsbeschränkt) als Kapitalgesellschaft behandelt, wenn sie später in das Handelregister eingetragen wird. Sie ist somit gem. § 1 KStG körperschaftsteuerpflichtig. Die UG (haftungsbeschränkt) unterliegt gem. § 1 KStG als steuerpflichtige deutsche Kapitalgesellschaft der deutschen Körperschaftsteuer, wenn sie ihren Sitz oder die Geschäftsleitung im Inland hat (gem. § 1 Abs. 1 Nr. 1 KStG unbeschränkt steuerpflichtig). Der Sitz der Gesellschaft bestimmt sich in diesem Fall nach § 11 AO, welcher besagt, dass der Sitz der Körperschaft an dem Ort ist, den das Gesetz oder der Gesellschaftsvertrag bestimmt. Ferner ist bei der Besteuerung das Trennungsprinzip zu beachten. Demnach sind die Gesellschaft und ihre Gesellschafter als verschiedene Steuersubjekte zu behandeln.

3.8.1.2 Besteuerung auf Ebene der Gesellschaft

Die für die Besteuerung der Gesellschaft relevanteste Steuer ist die Körperschaftsteuer. Die Körperschaftsteuer wird auch die „Einkommensteuer der juristischen Personen“ genannt und ist daher eine rechtsformabhängige Steuer, die primär zur Besteuerung von Kapitalgesellschaften führt. Als Bemessungsgrundlage der Körperschaftsteuer dient das zu versteuernde Einkommen gem. § 7 Abs. 1 KStG. Das zu versteuernde Einkommen wird mit Hilfe des Einkommensteuergesetzes sowie des Körperschaftsteuergesetzes ermittelt, dies folgt aus § 7 Abs. 2 i.V.m. § 8 Abs. 1 KStG. Gemäß § 7 Abs. 3 Satz 1 KStG ist die Körperschaftssteuer eine Jahressteuer, was zur Folge hat, dass die Ermittlung der Festsetzungsgrundlage jeweils für ein Kalenderjahr erfolgt (§ 7 Abs. 3 Satz 2 KStG). Da die Unternehmergesellschaft (haftungsbeschränkt) Formkaufmann i.S.d. § 6 HGB ist, ist sie ferner zum Führen von Büchern gem. § 238 HGB sowie zur jährlichen Gewinnermittlung gem. § 7 Abs. 4 Satz 1 KStG verpflichtet. Sollte das Wirtschaftsjahr der Gesellschaft vom Kalenderjahr abweichen, ist der Gewinn in dem Kalenderjahr zu versteuern, in welchem das Wirtschaftsjahr endet (§ 7 Abs. 4 Satz 2 KStG). Was die Höhe der zu zahlenden tariflichen Körperschaftsteuer anbelangt, so wird diese gem. § 7 Abs. 1 KStG ermittelt. Der aktuelle Körperschaftsteuertarif beträgt nach der Unternehmensreform im Jahr 2008 15 Prozent.

Die Gewerbesteuer stellt eine weitere Steuerform dar. Sie ist eine Gemeindesteuer, was bedeutet, dass sie von den Gemeinden erhoben wird (§ 1 GewStG i.V.m. Art. 106 Abs. 6 GG). Die Unternehmergesellschaft (haftungsbeschränkt) ist nach § 2 Abs. 2 GewStG, A 13 GewStR als Gewerbebetrieb kraft Rechtsform zu qualifizieren. Die Steuerpflicht bei den Kapitalgesellschaften beginnt mit der Eintragung in das Handelsregister oder bereits dann, wenn die Vorgesellschaft eine nach außen gerichtete Tätigkeit aufnimmt (A 18 Abs. 2 GewStR). Als Besteuerungsgrundlage für die Gewerbesteuer dient der Gewerbeertrag (§ 6 GewStG). Die Grundlage des Gewerbeertrages bildet der nach den Vorschriften der Körperschaft- oder Einkommensteuer ermittelte Gewinn aus Gewerbebetrieb (§ 7 GewStG). Die Gewerbesteuer ist wie die Körperschaftsteuer ebenfalls eine Jahressteuer und demnach für ein Kalenderjahr zu ermitteln (§ 14 Abs. 2 GewStG). Der Gewerbeertrag berechnet sich durch Hinzurechnungen gem. § 8 GewStG, Kürzungen gem. § 9 GewStG sowie unter Berücksichtigung des Verlustabzuges gem. § 10 a GewStG. Diese rechnerischen Korrekturen sind notwendig um die wirtschaftliche Leistungsfähigkeit des Gewerbebetriebes widerzuspiegeln, da der Gewinn eines Betriebes allein dies regelmäßig nicht tut.

Des Weiteren ist die Unternehmergesellschaft (haftungsbeschränkt) umsatzsteuerpflichtig, wenn sie Lieferungen oder Leistungen im Inland erbringt. Gegenstand der Umsatzsteuer sind die Umsätze des Unternehmens, welche im Inland realisiert werden. Sie ergibt sich aus dem tariflichen Steuersatz und dem Preis vor Leistung der Steuer. Der Unternehmer schuldet gem. § 13 a Abs. 1 Nr. 1 UStG grundsätzlich die Umsatzsteuer und hat eine Voranmeldung sowie eine Steuererklärung gem. § 18 Abs. 1 und 3 UStG abzugeben.

3.8.1.3 Besteuerung auf Ebene der Gesellschafter

Erzielt die Gesellschaft in einem Geschäftsjahr Gewinne und schüttet diese als Dividende an die Gesellschafter aus, führt dies bei den Gesellschaftern zu Einkünften aus Kapitalvermögen gem. § 20 Abs. 1 Nr. 1 EStG. Die ausgezahlte Dividende ist gem. § 3 Nr. 40 b EStG zur Hälfte steuerfrei (Halbeinkünfteverfahren). Der Grund für diese Art der Besteuerung ist, die Doppelbesteuerung durch die Körperschaftssteuer, welche die Gesellschaft bereits vor der Ausschüttung gezahlt hat, zu vermeiden. Von der ausgezahlten Dividende ist ein Teil einzubehalten und an das Finanzamt abzuführen. Dies ist die Kapitalertragssteuer, welche grundsätzlich 20% der Dividende beträgt (§§ 43 Abs. 1 Nr. 1, 43 a Abs. 1 Nr.1 EStG). Darüber hinaus wird die bereits abgeführte Kapitalertragsteuer gem. § 36 Abs. 2 Nr. 2 EStG auf die Einkommensteuerschuld angerechnet. Somit hat die Kapitalertragsteuer den Charakter einer Einkommensteuervorauszahlung.

3.8.2 Limited

3.8.2.1 Steuerpflicht

Um die Frage des auf die Ltd. anzuwendenden Steuerrechts zu beantworten, gilt es verschiedene Varianten voneinander zu unterscheiden. Die Ltd. ist dann in England unbeschränkt körperschaftsteuerpflichtig („*corporation tax*"), wenn sie entweder in England angesiedelt („*resident*") ist oder die Geschäftsführung ihren Sitz in England hat sowie ihre zentralen Entscheidungen („*central management and control*") dort fällt. Agiert die Limited ausschließlich in Deutschland, stellt sich die Frage, welches Steuerrecht auf sie anzuwenden ist. Nach dem deutschen Steuerrecht besteht dann eine unbeschränkte Steuerpflicht, wenn sich der Satzungssitz der Gesellschaft oder der Ort der Geschäftsleitung im Inland befindet (§§ 11, 10 AO i.V.m § 1 KStG). Daraus folgt, dass die Limited einen weiteren Jahresabschluss aufstellen muss, der den deutschen steuerbilanziellen Regelungen entspricht.

Die sich hieraus ergebende Problematik ist die Folgende: Die Limited ist aufgrund ihres Satzungssitzes auch in England steuerpflichtig. Zudem wäre sie wegen ihres Verwaltungssitzes in Deutschland auch dort steuerpflichtig. Um in solchen Fällen eine Doppelbesteuerung der Gesellschaft zu vermeiden, besteht zwischen Deutschland und England ein Doppelbesteuerungsabkommen, welches einen bilateralen völkerrechtlichen Vertrag darstellt und daher den nationalen Steuergesetzen vorgeht (§ 2 AO). Dieses Doppelbesteuerungsabkommen bestimmt, dass die Steuerpflicht der Ltd. nur an dem Ort besteht, an welchem sich die tatsächliche Geschäftsführung befindet. Dies wäre im vorliegenden Fall Deutschland.

Ferner wurde in Großbritannien die so genannte „*Tie-Braker-Klausel*" (Sec. 249 (1) Finance Act 1994) des Doppelbesteuerungsabkommens in das nationale Recht übernommen. Dies hat zur Folge, dass die Limited in England lediglich als „*non-resident*" behandelt wird und somit nur noch in England beschränkt körperschaftsteuerpflichtig ist.

3.8.2.2 Besteuerung auf Ebene der Gesellschaft

Die in Deutschland tätige Limited wird grundsätzlich wie eine GmbH behandelt. Demnach unerliegt die Ltd. der steuerlichen Gewinnermittlung nach § 5 Abs. 1 EStG. Da sie zur Buchführung nach englischem Recht verpflichtet ist, entfällt die Anwendbarkeit des § 4 Abs. 3 EStG.

Die Körperschaftsteuer der Limited bemisst sich an dem zu versteuernden Einkommen (§ 7 Abs. 1 KStG), welches nach den Vorschriften des EStG für den maßgeblichen Zeitraum (Kalenderjahr gem. § 7 Abs. 3 S. 2 KStG) zu ermitteln ist. Das Einkommen der Körperschaft wird nach den üblichen Grundsätzen der Körperschaftsteuerermittlung, dem Betriebsvermögensvergleich respektive der Erfolgsrechnung durchgeführt. Des Weiteren ist die Ltd. als Gewerbebetrieb kraft Rechtsform (§ 2 Abs. 2 GewStG) gem. § 2 Abs. 1 GewStG i.V.m. § 15 Abs. 2 EStG gewerbesteuerpflichtig sowie gem. § 2 Abs. 1 UStG umsatzsteuerpflichtig. Weiterhin besteht für die Limited eine zentrale Zuständigkeit durch das Finanzamt Hannover-Nord.

3.8.2.3 Besteuerung auf Ebene der Members

Für unbeschränkt steuerpflichtige natürliche Personen, die Gesellschafter einer in England ansässigen Limited sind, gelten nach deutschem Recht folgende Vorschriften. Auf ausgeschüttete Dividenden der Ltd. ist das Halbeinkünfteverfahren anzuwenden. Weiterhin sind die Einkünfte nach § 20 Abs. 1 Nr. 1 EStG zu versteuern. Die Besteuerung nach englischem Recht (Quellenbesteuerung) findet laut Art. VI Abs. 1 des Doppelbesteuerungsabkommens keine Anwendung, wenn die Anteilseigner einen entsprechenden Antrag beim „*Inspector foreign dividends*“ gestellt haben.

So sind die erwirtschafteten Dividenden der Limited in Deutschland im Rahmen der Einkommensteuererklärung als Einkünfte zu versteuern und die Kapitalertragsteuer in Höhe von 20 Prozent zuzüglich des Solidaritätszuschlages in Höhe von 5,5 Prozent abzuführen.

3.8.3 Abschließende Betrachtung

Die Ausführungen im Kapitel Steuerrecht lassen erkennen, dass die Limited mit ausschließlicher Tätigkeit in Deutschland grundsätzlich genauso behandelt wird wie die Unternehmergesellschaft (haftungsbeschränkt). Entscheidet man sich für die Rechtsform der Limited, muss man sich darüber im Klaren sein, dass zusätzlich zu den deutschen Steuerrechtsvorschriften auch die des englischen Rechts zu berücksichtigen sind. Die Limited bringt somit keine, wie so oft genannten, steuerlichen Vorteile mit sich, da dem britischen Fiskus trotz des Doppelbesteuerungsabkommens gewisse Besteuerungsrechte zustehen. Ein weiterer Minuspunkt für die Rechtsform der Limited ist die Pflicht zur Erstellung des (Steuer-) Jahresabschlusses sowie der Abschlussprüfung, denn diese können zusätzliche, nicht zu unterschätzende Kosten hervorrufen. Es kann somit festgehalten werden, dass die Rechtsform der Limited mit ausschließlicher Tätigkeit in Deutschland aus rein steuerrechtlicher Sicht nicht zu bevorzugen ist.

Bei der Unternehmergesellschaft (haftungsbeschränkt) haben sich im Wege der MoMiG-Reform einige steuerrechtliche Neuerungen ergeben, welche sich insbesondere auf die nun mögliche Verlegung des Verwaltungssitzes der Gesellschaft ins Ausland beziehen. Bei einer derartigen Verlegung des Verwaltungssitzes einer Gesellschaft ins europäische sowie nicht-europäische Ausland ist besonders auf das erhöhte Gewinnrealisierungsrisiko gem. § 12 KStG hinzuweisen.

Die Gewinnrealisierung im Sinne des deutschen Steuerrechts tritt regelmäßig dann ein, wenn durch die Verlegung der Geschäftsleitung das Besteuerungsrecht der Bundesrepublik Deutschland bezüglich des Gewinns aus Veräußerungen oder der Nutzung von Wirtschaftsgütern eingeschränkt oder ausgeschlossen wird.

Einen weiteren Punkt, den es seit Einführung der neuen Unternehmergesellschaft (haftungsbeschränkt) zu berücksichtigen gibt, ist die zu bildende gesetzliche Rücklage i.H.v. 25 Prozent des realisierten Jahresüberschusses. Führt die UG (haftungsbeschränkt) diese vorgeschriebene Kapitalerhöhung durch, ist steuerrechtlich zu beachten, dass es gem. § 1 Kapitalerhöhungsgesetz zu keinem Zufluss bei den Gesellschaftern kommt sowie keine zusätzlichen Anschaffungskosten entstehen. Diese Kapitalerhöhung aus Gesellschaftermitteln führt zu einem Sonderausweis gem. § 28 Abs. 1 KStG, was zur Folge hat, dass bei einer späteren Kapitalherabsetzung diese um den entsprechenden Sonderausweis gem. § 28 Abs. 2 KStG zu mindern ist. Wird eine Kapitalherabsetzung mit einer Rückzahlung des Nennkapitals durchgeführt, hat dies zur Konsequenz, dass Einkünfte aus Kapitalvermögen gem. § 28 Abs. 2 S. 2 KStG anfallen. Die grundsätzlich nicht steuerbare Rückzahlung von Nennkapital nach einer Kapitalherabsetzung wird somit durch den Sonderausweis gesperrt.

Um die Sperrung zu umgehen, empfiehlt es sich für den Gesellschafter, vor einer Kapitalerhöhung eine Zuzahlung in die Kapitalrücklage zu leisten, welche den Sonderausweis mindert, oder die Kapitalerhöhung unmittelbar aus den Gesellschaftsmitteln vorzunehmen (§ 28 Abs. 3 KStG). Diese Problematik entfällt dann, wenn die Gesellschaft das Mindestkapital von 25.000 Euro erreicht hat.

4 Zusammenfassung der Ergebnisse und Ausblick

4.1 Zusammenfassender Vergleich der Unternehmergesellschaft (haftungsbeschränkt) und der Limited

Seit der Rechtsprechung des EuGH zur Liberalisierung der Niederlassungsfreiheit herrscht in Deutschland ein enormer Konkurrenzkampf zwischen den internationalen haftungsbeschränkten Gesellschaftsformen. Dieser nationale Wettbewerb findet jedoch primär zwischen der Rechtsform der britischen *private company limited by shares* und der deutschen Gesellschaft mit beschränkter Haftung statt. Um diesem Wettbewerb entgegenzutreten und dem Einfluss der internationalen Rechtsformen Einhalt zu gebieten, hat die Bundesregierung im Rahmen der MoMiG-Reform eine neue Unterart der GmbH, die Unternehmergesellschaft (haftungsbeschränkt) geschaffen. Mit der Einführung der Gesellschaft sollen Unternehmensgründer in Deutschland die Möglichkeit bekommen, eine nationale Rechtsformvariante der GmbH für ebenfalls nur einen Euro, wie bei der Limited, „preiswert, schnell und unkompliziert" zu gründen. Auf den ersten Blick ergibt sich schon ein wesentlicher Vorteil für die Unternehmergesellschaft (haftungsbeschränkt), denn auf sie ist das deutsche Recht anwendbar und das Aufeinandertreffen zweier nicht aufeinander abgestimmter Rechtsordnungen, wie dies bei der in Deutschland agierenden Limited der Fall ist, wird vermieden.

Ob sich die Unternehmergesellschaft (haftungsbeschränkt) gegenüber der Limited behaupten kann, soll nun rückblickend nach gesamtheitlicher Betrachtung und Gegenüberstellung sowie Auswertung aller zuvor für diese Arbeit als relevant erachteten Faktoren der beiden Gesellschaftsformen dargestellt werden. Stellt man allein das auf die jeweiligen Rechtsformen anwendbare Recht gegenüber, zeichnet sich meines Erachtens bereits ein gewisser Vorteil für die UG (haftungsbeschränkt) ab. Denn der englische Companies Act 2006 ist mit seinen 1.300 Paragraphen und 701 Seiten Normtext nicht nur das umfangreichste Gesetz Englands, sondern er ist auch um ein vielfaches komplexer und größer als das GmbH-Gesetz, welches seinerseits mit 85 Paragraphen auskommt.

Was den direkten Vergleich der beiden Rechtsformen im Gründungs- und Entstehungsstadium (Kapitel D. I) anbelangt, hat die Limited momentan noch einen kleinen Vorteil, da sie binnen 24 Stunden mit einem sehr geringen Aufwand und vorgefertigten Formularen gegründet werden kann.

Fraglich ist jedoch, ob die Limited diesen vermeintlichen Vorsprung gegenüber der Unternehmergesellschaft (haftungsbeschränkt) halten kann, denn im Rahmen der MoMiG-Reform wurde auch die Gründung der Unternehmergesellschaft (haftungsbeschränkt) durch ein sogenanntes „Gründer-Set“ ermöglicht, welches dem Gründungsverfahren der Limited sehr ähnelt. Ferner hat der Gesetzgeber, wie zuvor in der Arbeit erläutert, den Gründungsablauf und die Gründungsdauer der UG (haftungsbeschränkt) stark verkürzt.

Meiner Ansicht nach hat auch die abschließende Betrachtung des Kapitels der Organisationsverfassung (Kapitel D. II) zu dem Ergebnis geführt, dass der Unternehmergesellschaft (haftungsbeschränkt) aufgrund ihrer einfachen, vor allem bereits von der GmbH vertrauten, schlanken und übersichtlichen Organisationsstruktur der Vorzug zu gewähren ist.

Was den Vergleich der beiden Rechtsformen im Punkt Mitbestimmung (Kapitel D. III) betrifft, kann man festhalten, dass die Limited hier einen Vorteil hat. Dieser ergibt sich dadurch, dass das englische Gesellschaftsrecht keine Unternehmensmitbestimmung kennt und dies auch für die Zweigniederlassung in Deutschland der Gesellschaft gilt. Fraglich ist jedoch, ob dieser Vorteil bei Unternehmen zu einer Strategie zur Vermeidung der Unternehmensmitbestimmung führen wird. Diese Variante zur Umgehung der Mitbestimmung wurde zwar in der Vergangenheit in der Literatur diskutiert, es bleibt jedoch schwer vorstellbar, dass alleine zu diesem Zweck die Rechtsform der Limited gewählt wird.

Betrachtet man die Finanzverfassung (Kapitel D. IV), kann bezüglich der Finanzierungsmöglichkeiten festgehalten werden, dass sich keine wesentlichen Unterschiede zwischen den beiden Rechtsformen ergeben. Was meinem Erachten nach als Vorteil für die Unternehmergesellschaft (haftungsbeschränkt) gewertet werden kann, sind die Ausschüttungs- und Auflösungsvorschriften, welche weniger streng sind als die der Limited. Des Weiteren könnte sich bei der UG (haftungsbeschränkt) die Pflicht zur Bildung von Rücklagen i.H.v. 25 Prozent des Jahresüberschusses als Vorteil herausstellen. Dies wird regelmäßig dann der Fall sein, wenn die Gesellschaft ernste Geschäftsabsichten verfolgt und auch in der Lage ist, diese geforderte Rückstellung zu bilden, da sie längerfristig gesehen die Kreditwürdigkeit, den Schutz der Gläubiger sowie das Vertrauen in die neue Gesellschaftsform steigern wird. Die Pflicht zur Bildung der Rücklage wird jedoch im internationalen Wettbewerb der Rechtsformen teilweise als Nachteil angesehen.

Bezüglich des Auftretens der Gesellschaft im Geschäftsverkehr (Kapitel D. V) sind die Unterschiede der auf den Geschäftsbriefen zu veröffentlichen Angaben nur marginal. Dies wird man hingegen von den Unterschieden der Reputation nicht behaupten können. Die Rechtsform der Limited wird in Deutschland im Geschäftsverkehr meist kritisch betrachtet, was meiner Ansicht nach folgende Gründe hat:

Unternehmen sowie auch Banken sind mit dieser Rechtsform nicht vertraut genug, um Chancen und Risiken genau abwiegen zu können. Ferner fehlt ihnen die Kenntnis über die Haftungstatbestände der Gesellschaft selbst sowie die der Gesellschafter. Ein weiterer Punkt ist die niedrige Kapitalausstattung der Gesellschaft sowie die fremde englische Rechtsordnung. Es kann weiterhin ein Zusammenspiel zweier nicht zu unterschätzender Faktoren beobachtet werden, denn das Ansehen der Gesellschaft hängt stark mit den einzuhaltenden Publizitäts- und Rechnungslegungspflichten (Kapitel D. VII) zusammen. Werden diese nicht eingehalten, kommt es zu einer Intransparenz der Gesellschaft, die sich schließlich negativ bei den Gläubigern auswirken kann. Die von der Limited zu erfüllenden Publizitätspflichten sind im Vergleich zur Unternehmergesellschaft (haftungsbeschränkt) bedeutend strenger, denn sie hat quasi eine doppelte Publizitätspflicht, eine in England und eine in Deutschland. Hält eine Limited die gesetzlichen Publizitätspflichten nicht ein, kann dies weitreichende Konsequenzen für die Gesellschaft haben, welche bis zur Löschung dieser aus dem *Companies Register* führen können.

Wie eine vom *Companies House* veröffentlichte Studie zeigte, hatten zum 01.11.2006 lediglich 40 Prozent der mit Verwaltungssitz in Deutschland registrierten Limiteds ihren Jahresabschluss fristgerecht bei dem *Companies House* eingereicht. Von diesen 40 Prozent wurden wiederum 72 Prozent der eingereichten Jahresabschlüsse als „*dormant companies*" (nicht aktive, „schlafende" Gesellschaft) deklariert, was dazu führt, dass die Gesellschaften die Veröffentlichungspflichten umgehen können. Als Ergebnis dieser Studie wurde festgehalten, dass lediglich drei Prozent der in Deutschland tätigen Limiteds ihren Jahresabschluss ordnungsgemäß publizierten. Einen weiteren Faktor bildet die Gewerbeanmeldung der Limited. Bei ca. 46.000 in Deutschland existierenden Limiteds wurden lediglich 10.000 - 13.000 Gewerbeanmeldungen vorgenommen. Schließlich liegt die Mortalitätsrate von den in Deutschland existierenden Limiteds nach zwei Jahren bei ca. 80 Prozent, was bedeutet, dass diese Gesellschaften nach zwei Jahren nicht mehr existieren.

Alle diese hier aufgelisteten Fakten unterstützen meiner Ansicht nach das Misstrauen in die Rechtsform der Limited. Betrachtet man das Themenfeld der Insolvenz und Liquidation der Gesellschaft, gilt es wie zuvor in dem Kapitel D. VI erläutert, die Frage bezüglich der Insolvenzantragspflicht zu beantworten, um so Klarheit für den Rechtsverkehr zu schaffen.

Ein häufig genannter Vorteil der Limited ist deren Besteuerung. Jedoch haben die Auswertungen des Kapitels D. VIII. ergeben, dass die Unternehmergesellschaft (haftungsbeschränkt) und die Limited mit Verwaltungssitz in Deutschland aufgrund des Doppelbesteuerungsabkommens identisch zu besteuern sind, so dass sich für die Rechtsform der Limited in diesem Punkt keinerlei Vorteile ergeben.

Im Ergebnis kann nach Betrachtung der einzelnen Kapitel festgehalten werden, dass das sich ergebende Gesamtbild insgesamt überzeugend ist. Der Bundesregierung ist es gelungen, mit einem minimalen Aufwand von lediglich einem Paragraphen eine wirkliche Konkurrenz zur Limited zu schaffen. Die Unternehmergesellschaft (haftungsbeschränkt) hat in zahlreichen Kriterien, die in dieser Arbeit als besonders relevant erachtet wurden, überzeugt und des Weiteren den Vorteil, dass sie sich nahtlos in das deutsche GmbH-Recht einfügt. Sicherlich wird es in naher Zukunft zu spannenden gesellschaftsrechtlichen Fragen bezüglich der Unternehmergesellschaft (haftungsbeschränkt) kommen, z.B. ob die Haftungsbeschränkung auch das hält, was sie verspricht oder wie sich die Haftung wegen existenzvernichtenden Eingriffs entwickeln wird. Meines Erachtens sollte jeder Existenzgründer, der mit seiner Gesellschaft primär national agieren will, die neu eingeführte Unternehmergesellschaft (haftungsbeschränkt) in Anspruch nehmen, denn sie ist eine attraktive und vielversprechende Rechtsformvariante der GmbH. Die Wahl der Rechtsform einer Limited für ein in Deutschland agierendes Unternehmen will hingegen gut überlegt sein.

4.2 Die Zukunft des deutschen Gesellschaftsrechts nach der MoMiG-Reform

Wie sich das deutsche Gesellschaftsrecht nach der Einführung des Gesetzes zur Modernisierung des GmbH-Rechts und zur Bekämpfung von Missbräuchen, kurz MoMiG, entwickeln wird, bleibt eine spannende Frage. Es kann heute schon gesagt werden, dass die MoMiG-Reform die Gründung von Kapitalgesellschaften beschleunigen wird, jedoch verschärft sie auch die persönliche Haftung der Geschäftsführer und Gesellschafter durch die Einführung neuer Haftungsinstrumente.

Durch die Einführung der Unternehmergesellschaft (haftungsbeschränkt) ergeben sich im Punkt Haftung neue Fragen, zum Beispiel, ob die Haftungsbeschränkung hält, was sie verspricht und genauso sicher ist, wie die der GmbH. Die Gesetzesbegründung zum Regierungsentwurf äußert sich bei der Unternehmergesellschaft (haftungsbeschränkt) nicht explizit zu der Frage einer Durchgriffs- oder Unterkapitalisierungshaftung. Die Rechtslage ist somit nicht gesichert und es wird in Zukunft zu Urteilen kommen, die sich mit diesem Thema befassen werden. Es kann davon ausgegangen werden, dass hieraus ein entsprechendes Haftungskonzept abgeleitet werden wird. Die Einführung der Unternehmergesellschaft (haftungsbeschränkt) ist mit vielfältigen Erwartungen verbunden. Es kann nicht ausgeschlossen werden, dass der Gesetzgeber in einigen Jahren Nachbesserungen durchzuführen hat, um die Gesellschaftsform den neuen Verhältnissen anzupassen.

Eine weitere Neuerung im Rahmen der MoMiG-Reform ist die faktische Aufgabe der Sitztheorie durch den Wegfall des § 4 a Abs. 2 GmbHG a.F. Diese Neuerung verleiht den deutschen Gesellschaften erstmals die internationale Mobilität, wie sie bereits heute für zahlreiche ausländische Gesellschaftsformen selbstverständlich ist. Es ist allerdings anzumerken, dass es auch in diesem Bereich bald zu Änderungen kommen wird, denn das Bundesjustizministerium hat bereits einen Referentenentwurf für ein Gesetz zum internationalen Privatrecht der Gesellschaften, Vereine und juristischen Personen vorgelegt. Zusätzlich hat die Europäische Kommission bereits im Juni 2008 einen Vorschlag für eine Verordnung über das Statut einer europäischen Privatgesellschaft (SPE) vorgelegt, welche voraussichtlich 2010 in Kraft treten wird.

Wie sich das deutsche Gesellschaftsrecht nach der größten und umfangreichsten Modernisierungsreform seit Schaffung der GmbH im Jahre 1892 entwickeln wird, bleibt abzuwarten. Es kann heute schon gesagt werden, dass sinnvolle Modernisierungen geschaffen wurden, die nicht das charakteristische, flexible Gesicht der GmbH, welche vom Regelungsaufwand her eine überschaubare Rechtsform ist und bleibt, verwischen wird. Was die Einführung der Unternehmergesellschaft (haftungsbeschränkt) anbelangt, wird diese meiner Ansicht nach aufgrund ihrer diversen Vorteile die derzeit noch sehr aktive Limited vom deutschen Markt zurückdrängen und eine echte Alternative darstellen.

5 Anhang

5.1 Muster-Gesellschaftsvertrag der Private Company Limited by Shares

The Companies Act 1985

(As amended by the Companies Act 1989)

Private Company Limited By Shares

ARTICLES OF ASSOCIATION

OF XYZ Limited

PRELIMINARY

1. (a) Subject as hereinafter provided the Regulations incorporated in Table A as set out in the Schedule to the Companies (Tables A to F) Regulations 1985 as amended and hereinafter called "Table A" shall apply to the Company

(b) The Articles hereinafter contained, together with the Regulations incorporated in Table A subject to their exclusion or modification hereinafter expressed, shall

constitute the Regulations of the Company

(c) Any reference in these Articles to "The Act" shall mean the Companies Act 1985 as amended or extended by any other enactment

2. Pursuant to The Companies (Single Member Private Limited Companies) Regulations 1992 the Company may be registered as a company having only one member or subsequently become so after incorporation. Whenever there shall be only one member of the Company such member may act alone in exercising all the powers, discretions and authorities vested in the members. If the Company either becomes a company with only one member having been registered with more than one or becomes a company with more than one member having been registered with only one it shall insert a statement to the appropriate effect in the Register of Members and the date of the occurrence in accordance with Section 352A of the Act.

ALLOTMENT OF SHARES

3. (a) Subject to the provisions hereinafter expressed, the Directors are authorised for the purposes of Section 80 of the Act to exercise the power of the Company to

allot shares to the amount of the authorised but unissued share capital of the

company at the date hereof and the Directors may allot, grant options over or

otherwise dispose of such shares to such persons, on such terms and in such

manner as they think fit provided always that:-

(i) save as provided in sub-paragraph

(ii) (ii) below, the authority hereby given to the Directors to exercise

the power of the Company to allot shares shall expire five years after the

date of incorporation of the Company;

(ii) the Members in General Meeting may by Ordinary Resolution:-

(a) renew the said authority (whether or not it has been previously renewed) for a period not exceeding five years (unless the Company elects by elective resolution to modify the duration of authority pursuant to Section 80A of the Companies Act 1985), but such Resolution shall comply with the Act;

(b) revoke or vary any such authority (or renewed authority);

(iii) notwithstanding the aforementioned provisions of sub-paragraphs (i) and (ii)

the Company may make an offer or agreement which would or might require shares to be allotted after such authority has expired and in pursuance of such an offer or agreement the Directors may allot shares notwithstanding that such authority or renewed authority has expired Any reference hereto to the allotment of shares shall include a reference to the grant of any right to subscribe for, or to convert any security into shares, but shall not include any reference to the allotment of shares pursuant to such a right

(b) In accordance with Section 91 of the Act, Sections 89(1) and 90(1) to (6) of the Act are excluded from applying to the Company. Any shares for the time being unissued shall be offered to the Members in proportion as nearly as may be to the number of existing shares held by them respectively, unless the Company shall by Special Resolution otherwise direct. Such offer shall be made by written notice specifying the number of shares offered and specifying a period (not being less than fourteen days) within which the offer, if not accepted, will lapse and determine. After the expiration of that period, or on the receipt of any intimation in writing from the offeree that he declines to accept the shares so offered, the Directors may in accordance with the provisions hereto allot, grant options over or otherwise dispose of the same to such persons, on such terms and in such manner as they think most beneficial to the Company. The Directors may in like manner and subject as aforesaid, allot any such new or original shares which by reason of the proportion borne by them to the number of persons entitled to any such offer as aforesaid or by reason of any other difficulty in apportioning the same cannot in the view of the Directors effectually be offered in the manner aforesaid

SHARES

4. (a) Subject to Chapter VII of Part V of the Act, and to the Regulations of the

Company, the Company may purchase its own shares (including redeemable

shares) whether out of distributable profits or the proceeds of a fresh issue of

shares or otherwise

(b) Regulation 35 of Table A shall not apply to the Company

(c) Subject to Chapter VII of Part V of the Act, any shares may, with the sanction of an Ordinary Resolution, be issued on the terms that they are, at the option of the Company or the shareholder, liable to be redeemed on such terms and in such manner as the Company before the issue of the shares may by Special Resolution determine, and whether out of distributable profits or the proceeds of a fresh issue of shares or otherwise. Regulation 3 of Table A shall be modified accordingly

(d) Subject to Chapter VI of Part V of the Act, the Company may give financial assistance for the purpose of or in connection with any acquisition of shares made or to be made in the Company or its holding company.

5. The lien conferred by Regulation 8 of Table A shall attach to all shares whether fully paid or not and to all shares registered in the name of any person indebted or under liability to the Company whether he be the sole holder thereof or one of two or more joint holders. The Company shall have a first and paramount lien on every share (not being fully paid) for all money (whether presently payable or not) called or payable at a fixed time in respect of that share and the Company shall also have a first and paramount lien on all shares under liability to the Company whether he be the sole holder thereof or one of two or more joint holders for all moneys presently payable by him or his estate to the Company; but the Directors may at any time declare any shares to be wholly or in part exempt from these provisions. The Company's lien, if any, on a share shall extend to all dividends payable thereon. Regulation 8 of Table A shall be modified accordingly.

GENERAL MEETINGS AND RESOLUTIONS

6. (a) Any proxy appointed by a member of the Company in accordance with Section 372 of the Act shall be entitled to vote on a show of hands as well as on a poll, provided that no persons present shall be entitled to more than one vote on a show of hands. Regulation 50 of Table A shall not apply to the Company and Regulations 88 and 72 in Table A shall be modified accordingly.

(b) In every notice convening a General Meeting of the Company there shall appear with reasonable prominence a statement that a Member entitled to attend and vote is entitled to appoint a proxy to attend and, on a poll, or a show of hands, to vote instead of him and that such proxy need not also be a Member.

(c) Regulation 38 and 59 of Table A shall be modified accordingly.

(d) Proxies may be deposited at the registered office of the Company at any time before the time of the Meeting for which they are to be used unless otherwise specified in the notice convening such Meeting. The Directors may at their discretion treat a facsimile transmission or other machine made copy of an instrument appointing a proxy as a proxy for the purposes of this Article. Regulation 62 of Table A shall be modified accordingly.

7. A Resolution in writing signed or approved by letter, telex, facsimile transmission or cable by all members of the Company who would have been entitled to vote upon it if it had been duly proposed at a General Meeting or at a meeting of any class of member of the Company, or by

their duly appointed attorneys, shall be as valid and effectual as if it had been passed at a General Meeting or at such a class meeting of the Company (as the case may be) duly convened and held. Any such Resolution may consist of several documents in (or, in the case of a member which is a body corporate, by a director thereof or by a duly appointed representative). Regulation 53 of Table A shall not apply to the Company.

APPOINTMENT OF DIRECTORS

8. (a) Unless and until otherwise determined by the Company in General Meeting there shall be no maximum number of Directors and the minimum number of Directors shall be one. Whenever there shall be only one Director of the Company such Director may act alone in exercising all the powers, discretion and authorities vested in the Directors, and Regulation 89 of Table A shall be modified accordingly.

(b) Regulation 64 of Table A shall not apply to the Company.

9. (a) The Directors shall not be required to retire by rotation and Regulation 73 to 80 (inclusive) of Table A shall not apply to the Company.

(b) No person shall be appointed a Director at any General Meeting unless either:-

(i) he is recommended by the Directors; or

(ii) not less than fourteen nor more than thirty-five clear days before the date appointed for the General Meeting, notice executed by a Member qualified to vote at the General Meeting has been given to the Company of the intention to propose that person for appointment, together with notice executed by that person of his willingness to be appointed.

(c) Subject to paragraph (b) above, the Company may be Ordinary Resolution in General Meeting appoint any person who is willing to act to be a Director, either to fill a vacancy or as an additional Director.

(d) The Directors may appoint a person who is willing to act to be a Director, either to fill a vacancy or as an additional Director, provided that the appointment does not cause the number of Directors to exceed any number determined by the Company in General Meeting as the maximum number of Directors for the time being in force.

(e) Regulation 84 of Table A shall be modified by the deletion of the last sentence therefrom.

PROCEEDINGS OF DIRECTORS

10. Notice of a meeting of the Directors shall be deemed to be properly given to a Director if it is given to him personally or by word of mouth or sent in writing to him at his last known address or any other address given by him to the Company for this purpose, or by any other means authorised in writing by the Director concerned. A Director absent or intending to be absent from the United Kingdom may request the Directors that notices of meetings of the Directors shall during his absence by sent in writing to him at an address or to a facsimile or telex number given by him to the Company for this purpose, but if no request is made to the Directors it shall not be necessary to give notice of a meeting of the Directors to any Director who is for the time being absent from the United Kingdom. A Director may waive notice of any meeting either retrospectively or prospectively. Regulation 88 of Table A shall be modified accordingly.

11. All or any of the members of the Board or any committee of the Board may participate in a meeting of the Board or that committee by means of a conference telephone or any communication equipment which allows all persons participating in the meeting to hear each other. A person so participating shall be deemed to be present in person at the meeting and shall be entitled to vote or be counted in a quorum accordingly. Such a meeting shall be deemed to take place where the largest of the group of those participating is assembled, or, if there is no such group where the chairman of the meeting then is.

12. (a) A Director who is in any way either directly or indirectly interested (whether through persons connected with him as defined in Section 346 of the Act or otherwise) in any contract, transaction or arrangement (whether or not constituting a contract and whether actual or proposed) with the company or in which the Company is otherwise interested, shall declare the nature of his interest at a Meeting of the Directors in accordance with Section 317 of the Act. Subject to such disclosure a Director shall be entitled to vote in respect of any such contract, transaction or arrangement (whether actual or proposed) in which he is interested and he shall be counted in reckoning whether a quorum is present.

(b) Regulations 94 to 97 (inclusive) of Table A shall not apply to the Company.

BORROWING POWERS

13. The Directors may exercise all the powers of the Company to borrow money, whether in excess of the nominal amount of the share capital of the

company for the time being issued or not, and to mortgage or charge its undertaking, property and uncalled capital or any part thereof, and to issue debentures, debenture stock or any other securities whether outright or as security for any debt, liability or obligation of the Company or of any third party.

DISQUALIFICATION OF DIRECTORS

14. The office of a Director shall be vacated if he becomes incapable by reason of illness or injury of managing and administering his property and affairs and Regulation 81 of Table A shall be modified accordingly.

GRATUITIES AND PENSION

15. In Regulation 87 of Table A there shall be inserted between the words "the Directors" and "may" the words "on behalf of the Company."

DIVIDENDS

16. No dividend or interim dividend shall be paid otherwise than in accordance with the provisions of Part VIII of the Act which apply to the Company.

NOTICES

17. (a) Any notice or other document may be served on or delivered to any Member by the Company either personally, or be sending it by post addressed to the Member at his registered address or by facsimile transmission or telex or other instantaneous means of transmission to a number provided by the Member for this purpose, or by leaving it at his registered address addressed to the Member, or by any other means authorised in writing by the Member concerned. In the case of joint holders of a share, service of delivery of any notice or other document on or to one of the joint holders shall for all purposes be deemed a sufficient service on or delivery to all the joint holders. Regulation 112 of Table A shall be modified accordingly.

(b) Any notice or other document which is sent by post, shall be deemed to have been served or delivered 24 hours after posting and, in proving such service or delivery, it shall be sufficient to prove that the notice or document was properly addressed, stamped and put in the post. Any notice or other document left at a registered address otherwise than by post or sent by facsimile transmission or telex or other instantaneous means of transmission, shall be deemed to have been served or delivered when it was so left or sent. Regulation 115 of Table A shall not apply.

EXECUTION OF DOCUMENTS

18. The seal, if any, shall only be used by the authority of the Directors or of a committee of Directors authorised by the Directors. The Directors may determine who shall sign any instrument to which the seal is affixed and unless otherwise so determined it shall be signed by a Director and by the Secretary or by a second Director. Any document signed by a Director and the Secretary of the Company or by two Directors of the Company and expressed (in whatever form of words) to be executed by the Company has the same effect as if executed under the seal of the Company. A document shall only be so signed with the authority of a resolution of the Directors or a committee of the Directors. Regulation 101 of Table A shall not apply to the Company.

INDEMNITY

19. (a) The Company shall in accordance with Section 310(3) of the Act pay for any liability insurance and also indemnify any Director, Officer or Auditor of the Company against any liability incurred by him in defending any proceedings (whether civil or criminal) in which judgement is given in his favour or he is acquitted in any connection with an application under Section 144(3) or (4) of Section 727 in which relief is granted to him by the court from liability for negligence, default, breach of duty or breach of trust in relation to the affairs of the Company.

(b) Regulation 118 in Table A shall not apply to the Company.

TRANSFERS OF SHARES

20. The Directors may in their absolute discretion and without assigning any reason therefore, decline to register the transfer of a share, whether or not it is a fully paid share. The first sentence of Regulation 24 of Table A shall not apply to the Company.

Name and Address of Subscriber

Dated this

Private Company Limited By Shares

MEMORANDUM OF ASSOCIATION (Stand CA 1985)

OF XYZ Limited

1. The name of the Company is XYZ Limited.

2. The registered office of the Company will be situated in England and Wales.

3. The objects of which the Company is established are:

(A) To carry on business as a general commercial company

(B) To carry on any other trade or business which can, in the opinion of the Board of Directors, be advantageously carried on by the Company.

(C) To acquire by purchase, lease, exchange, hire or otherwise, hold for any estate or interest, any land, buildings, easement, rights, privileges, concessions, patents, patent rights, licences, secret processes, trade marks, designs, machinery, plant, stock-in-trade and any real or personal property of any kind necessary or convenient for the purposes of or in connection with the Company's business.

(D) To erect, alter or maintain any buildings, plant and machinery necessary or convenient for the Company's business and to contribute to or subsidise the erection, construction and maintenance of any of the above.

(E) To acquire by subscription or otherwise and hold, sell, deal with or dispose of any shares, stock, debentures, debenture stocks, or other securities of any kind whatsoever, guaranteed by any company constituted or carrying on business in any part of the world and debentures, debenture stock and other securities of any kind guaranteed by any government or authority, municipal, local or otherwise whether at home or abroad, and to subscribe for the same either conditionally or otherwise and to guarantee the subscription thereof and to exercise and enforce all rights and powers conferred by the ownership thereof.

(F) To borrow or receive money on deposit either without security or secured by debentures, debenture stock (perpetual or terminable), mortgage or other security charged on the undertaking or on all or any of the assets of the Company including uncalled capital, and generally to act as bankers.

(G) To guarantee support and/or secure either with or without consideration the payment of any debentures, debenture stock, bonds, mortgages, charges, obligations, interest, dividends, securities, monies or shares or the performance of contracts or engagements of any company or person and in particular (but without prejudice to the generality of the foregoing) of any company which is, for the time being the Company's holding company as defined by Sections 736 and 736(A) of the Companies Act 1985 as amended by the Companies Act 1989 or another subsidiary, as defined by the said section of the Company's holding company or otherwise associated with the Company in business and to give indemnities and guarantees of all kinds and by way of security as aforesaid either with or without consideration to mortgage and charge the undertaking and all or any of the real and personal property and assets present or future, to issue debentures and debenture stock and collateral or further to secure any securities of the Company by a trust deed or other assurance and to enter into partnership or any joint purse arrangement with any person, persons, firm or company.

(H) To lend money with or without security and to invest money of the Company upon such terms as the Company may approve and to guarantee the dividends, interest and capital of the shares, stocks, or securities of any company of or in which this Company is a member or is otherwise interested, and generally as the directors think fit.

(I) To apply for, purchase or otherwise acquire and hold or use any patents, licences, concessions, copyrights and the like, conferring any right to use or publish any secret or other information and to use, exercise, develop or grant licences in respect of the property rights, information so acquired

(J) To take part in the formation, management, supervision or control of the business or operation of any company or undertaking and for that purpose to appoint and remunerate any directors, accountants, consultants, experts or agents

(K) To employ experts, consultants and valuers to investigate and examine into the condition, prospects, value, character and circumstances of any business concerns and undertakings and generally of any assets, property or rights

(L) To establish or promote or concur in establishing or promoting any other company whose objects shall include the acquisition or taking over of all or any of the assets or liabilities of this company or the promotion of which shall be in any manner calculated to advance directly or indirectly the objects or the interests of this Company and to acquire, hold, dispose of shares, stocks or securities issued by or any other obligations of any such company.

(M) To draw, accept and negotiate promissory notes bills of exchange and other negotiable instruments.

(N) To invest and deal with the monies of the Company not immediately required for the purposes of the business of the Company in or upon such investments and in such manner as the Company may approve.

(O) To pay for any property or rights acquired by the Company either in cash or fully or partly paid up shares, with or without preferred or deferred or special rights or restrictions in respect of dividend repayment of capital, voting or otherwise, or by any securities which the company has power to issue, or partly in one mode and partly in another, and generally on such terms as the Company may determine.

(P) To accept payment for any property or rights sold or otherwise disposed of or dealt with by the Company, either in cash, by instalments or otherwise, or in fully or partly paid-up shares, or stock of the Company or corporation, with or without preferred or deferred or special rights or restrictions in respect of dividend, repayment of capital, voting or otherwise, or in debentures or mortgages or other securities of any company or corporation or partly in one mode and partly in another, nd generally on such terms as the Company may determine, and to hold, dispose of or otherwise deal with any shares, stock or securities so acquired

(Q) To enter into arrangements for joint working in business or amalgamate with or enter into any partnership or arrangement for sharing profits, union of interests, reciprocal concession or co-operation with any company, firm or person carrying on or proposing to carry on any business within the objects of this Company or which is capable of being carried on so as directly or indirectly to benefit this Company.

(R) To purchase or otherwise acquire, take over and undertake all or any part of the business, property, liabilities and transactions of any person, firm or company carrying on any business the carrying on of which is calculated to benefit this Company or to advance its interests, or possessed of property suitable for the purposes of the Company.

(S) To sell, improve, manage, develop, turn to account, exchange, let on rent, royalty, share of profits or otherwise, grant licences easements and other rights in or over, and in any other manner deal with or dispose of the undertaking and all or any of the property and assets for the time being of the Company for such consideration as the Company may think fit.

(T) To provide for the welfare of persons employed or formerly employed by the Company and to grant pensions, allowances, gratuities and bonuses to officers or ex-officers, employees or ex-employees of the Company or its predecessors in business or the dependants of such persons and to establish and maintain or concur in maintaining trusts, funds or schemes, (whether contributory or noncontributory) with a view to providing pensions or other funds for any such persons as aforesaid or their dependants.

(U) To distribute in specie assets of the Company property distributable amongst the members, but so that no distribution amounting to a reduction of capital be made except with the sanction (if any) for the time being required by law.

(V) To do all or any of the things hereinabove authorised, in any part of the world,

either alone or in conjunction with others, or as factors, trustees or agents for others, or by or through factors trustees or agents.

(W) To do all such other things as are incidental to or which the Company may think conducive with the above objects or any of them. The objects set forth in any sub-clause shall not be restrictively construed but the widest interpretation shall be given thereto, and they shall not, except when the context expressly so requires, be in any way limited to or restricted by reference to or inference to any other object or objects set forth in such sub-clause or from the terms of any other sub-clause or by the name of the Company. None of such sub-clauses or the object or objects therein specified or the powers to be conferred shall be deemed subsidiary or ancillary to the objects or powers mentioned in any other sub-clause, but the Company shall have full power to exercise all or any of the powers and to achieve or to endeavour to achieve all or any of the objects conferred by and provided in any one or more of the said sub-clauses.

4. The liability of the members is limited.

5. The share capital of the Company is £ 1000.00 divided into 1000 ORDINARY SHARES of £ 1.00 each.

I, the subscriber to this Memorandum of Association wish to be formed into a Company pursuant to this Memorandum; and I agree to take the number of shares shown opposite my respective name.

Name and address of subscriber Number of shares taken by the subscriber

5.2 Muster-Gesellschaftsvertrag der UG (haftungsbeschränkt)

Muster für die Gründung einer Mehrpersonengesellschaft
mit bis zu drei Gesellschaftern

UR. Nr. _______

Heute, den ___________________________, erschienen vor mir, __________________, Notar/in mit dem Amtssitz in __________________,

Herr/Frau[1]

____

____

____

_____________________________________[2],

Herr/Frau[1]

____

____

____

_____________________________________[2],

Herr/Frau[1]

____

____

____

_____________________________________[2].

1. Die Erschienenen errichten hiermit nach § 2 Abs. 1a GmbHG eine Gesellschaft mit beschränkter Haftung unter der Firma __________________ mit dem Sitz in __________________.

2. Gegenstand des Unternehmens ist __________________________________.

3. Das Stammkapital der Gesellschaft beträgt ______€ (i.W. __________Euro) und wird wie folgt übernommen:

Herr/Frau[1] __________________ übernimmt einen Geschäftsanteil mit einem Nennbetrag in Höhe von ______€ (i.W. __________Euro) (Geschäftsanteil Nr. 1),

Herr/Frau[1] ________________ übernimmt einen Geschäftsanteil mit einem Nennbetrag in Höhe von _____€ (i.W. _________Euro) (Geschäftsanteil Nr. 2),

Herr/Frau[1] ________________ übernimmt einen Geschäftsanteil mit einem Nennbetrag in Höhe von _____€ (i.W. _________Euro) (Geschäftsanteil Nr. 3).

Die Einlagen sind in Geld zu erbringen, und zwar sofort in voller Höhe/zu 50 % sofort, im Übrigen sobald die Gesellschafterversammlung ihre Einforderung beschließt[3].

4. Zum Geschäftsführer der Gesellschaft wird Herr/Frau[4] ________________, geboren am ________________, wohnhaft in ________________, bestellt. Der Geschäftsführer ist von den Beschränkungen des § 181 des Bürgerlichen Gesetzbuchs befreit.

5. Die Gesellschaft trägt die mit der Gründung verbundenen Kosten bis zu einem Gesamtbetrag von 300 €, höchstens jedoch bis zum Betrag ihres Stammkapitals. Darüber hinausgehende Kosten tragen die Gesellschafter im Verhältnis der Nennbeträge ihrer Geschäftsanteile.

6. Von dieser Urkunde erhält eine Ausfertigung jeder Gesellschafter, beglaubigte Ablichtungen die Gesellschaft und das Registergericht (in elektronischer Form) sowie eine einfache Abschrift das Finanzamt – Körperschaftsteuerstelle –.

7. Die Erschienenen wurden vom Notar/von der Notarin insbesondere auf folgendes hingewiesen: ________________

Hinweise:

[1] Nicht Zutreffendes streichen. Bei juristischen Personen ist die Anrede Herr/Frau wegzulassen.

[2] Hier sind neben der Bezeichnung des Gesellschafters und den Angaben zur notariellen Identitätsfeststellung ggf. der Güterstand und die Zustimmung des Ehegatten sowie die Angaben zu einer etwaigen Vertretung zu vermerken.

[3] Nicht Zutreffendes streichen. Bei der Unternehmergesellschaft muss die zweite Alternative gestrichen werden.

[4] Nicht Zutreffendes streichen.

Quelle: www.Musterprotokoll.de

Muster für die Gründung einer Einpersonengesellschaft

UR. Nr. _______

Heute, den ___________________________, erschien vor mir, _______________________, Notar/in mit dem Amtssitz in __________________,

Herr/Frau[1]
____
____
____
______________________________________[2].

1. Der Erschienene errichtet hiermit nach § 2 Abs. 1a GmbHG eine Gesellschaft mit beschränkter Haftung unter der Firma __________________ mit dem Sitz in __________________.

2. Gegenstand des Unternehmens ist __________________________________.

3. Das Stammkapital der Gesellschaft beträgt ______€ (i.W. __________Euro) und wird vollständig von Herrn/Frau[1] __________________ (Geschäftsanteil Nr. 1) übernommen. Die Einlage ist in Geld zu erbringen, und zwar sofort in voller Höhe/ zu 50 % sofort, im Übrigen sobald die Gesellschafterversammlung ihre Einforderung beschließt[3].

4. Zum Geschäftsführer der Gesellschaft wird Herr/Frau[4] __________________, geboren am __________________, wohnhaft in __________________, bestellt. Der Geschäftsführer ist von den Beschränkungen des § 181 des Bürgerlichen Gesetzbuchs befreit.

5. Die Gesellschaft trägt die mit der Gründung verbundenen Kosten bis zu einem Gesamtbetrag von 300 €, höchstens jedoch bis zum Betrag ihres Stammkapitals. Darüber hinausgehende Kosten trägt der Gesellschafter.

6. Von dieser Urkunde erhält eine Ausfertigung der Gesellschafter, beglaubigte Ablichtungen die Gesellschaft und das Registergericht (in elektronischer Form) sowie eine einfache Abschrift das Finanzamt – Körperschaftsteuerstelle –.

7. Der Erschienene wurde vom Notar/von der Notarin insbesondere auf folgendes hingewiesen:___________________

Hinweise:
[1] Nicht Zutreffendes streichen. Bei juristischen Personen ist die Anrede Herr/Frau wegzulassen.
[2] Hier sind neben der Bezeichnung des Gesellschafters und den Angaben zur notariellen Identitätsfeststellung ggf. der Güterstand und die Zustimmung des Ehegatten sowie die Angaben zu einer etwaigen Vertretung zu vermerken.
[3] Nicht Zutreffendes streichen. Bei der Unternehmergesellschaft muss die zweite Alternative gestrichen werden.
[4] Nicht Zutreffendes streichen.

Quelle: www.Musterprotokoll.de

5.3 Muster-Handelsregisteranmeldung UG (haftungsbeschränkt)

Handelsregisteranmeldung

HRB Neu

Errichtung einer Unternehmergesellschaft (haftungsbeschränkt)

unter der Firma ***

mit dem Sitz in ***

Anschrift: ***

I.

Gründung einer Unternehmergesellschaft (haftungsbeschränkt)

Der Geschäftsführer meldet die Gründung einer Unternehmergesellschaft (haftungsbeschränkt)

unter der Firma

***

mit Sitz in *** zur Ersteintragung in das Handelsregister an.

II.

Geschäftsführer und Vertretungsbefugnis

1. Vertretungsbefugnis

Die Gesellschaft hat nur einen Geschäftsführer, der die Gesellschaft alleine vertritt.

Der Geschäftsführer ist von den Beschränkungen des § 181 BGB befreit.

Der Umfang der Vertretungsbefugnis des Geschäftsführers ist gegenüber Dritten unbeschränkt.

2. Geschäftsführer der Gesellschaft

Zum Geschäftsführer wurde bestellt:

Herr/Frau ***,

geboren am ***,

wohnhaft in ***.

3. Versicherung des Geschäftsführers

Herrn/Frau *** (Name des Geschäftsführers) ist bekannt, dass zum Geschäftsführer nicht bestellt werden kann, wer

1. als Betreuter bei der Besorgung seiner Vermögensangelegenheiten ganz oder teilweise einem Einwilligungsvorbehalt (§ 1903 BGB) unterliegt,

2. aufgrund eines gerichtlichen Urteils oder einer vollziehbaren Entscheidung einer Verwaltungsbehörde einen Beruf, einen Berufszweig, ein Gewerbe oder einen Gewerbezweig nicht ausüben darf, sofern der Unternehmensgegenstand ganz oder teilweise mit dem Gegenstand des Verbots übereinstimmt,

3. wegen einer oder mehrerer vorsätzlich begangener Straftaten

a) des Unterlassens der Stellung des Antrags auf Eröffnung des Insolvenzverfahrens (Insolvenzverschleppung, § 15 Abs. 4 InsO),

b) nach den §§ 283 bis 283d des StGB (Insolvenzstraftaten),

c) der falschen Angaben nach § 82 des GmbHG oder § 399 des AktG,

d) der unrichtigen Darstellung nach § 400 AktG, § 331 HGB, § 313 UmwG oder § 17 PublG, oder

e) nach den § 263 StGB (Betrug), § 263a StGB (Computerbetrug), § 264 StGB (Subventionsbetrug), § 265b StGB (Kreditbetrug), § 266 StGB (Untreue) oder § 266a StGB (Vorenthalten und Veruntreuen von Arbeitsentgelt), zu einer Freiheitsstrafe von mindestens einem Jahr, verurteilt worden ist. Das Bestellungshindernis besteht in diesem Fall auf die Dauer von fünf Jahren seit der Rechtskraft des Urteils, wobei die Zeit nicht eingerechnet wird, in welcher der Täter auf behördliche Anordnung in einer Anstalt verwahrt worden ist.

Die in der vorstehenden Nr. 3 genannten Bestellungshindernisse gelten bei einer Verurteilung wegen einer vergleichbaren Tat im Ausland entsprechend.

Herr/Frau *** (Name des Geschäftsführers) erklärt, den Inhalt der vorstehend genannten Normen im einzelnen zu kennen und auf eine Beifügung der jeweiligen Gesetzestexte zu verzichten.

Herr/Frau *** (Name des Geschäftsführers) versichert, dass keine Umstände vorliegen, die seiner/ihrer Bestellung als Geschäftsführer(in) entgegenstehen und dass er/sie *** von dem beglaubigenden Notar/der beglaubigenden Notarin über seine/ihre unbeschränkte Auskunftspflicht gegenüber dem Registergericht belehrt worden ist.

III.

Kapitalaufbringung

1. Versicherung des Geschäftsführers

Der Geschäftsführer versichert was folgt:

Auf den von dem Gesellschafter *** übernommenen Geschäftsanteil mit der Nummer 1 in Höhe von *** Euro ist der volle Betrag in Höhe von *** Euro durch Bareinlage geleistet worden, der sich endgültig in der freien Verfügung der Geschäftsführung befindet.

Das Anfangskapital der Gesellschaft ist - mit Ausnahme des nach der Satzung von der Gesellschaft zu tragenden Gründungsaufwands - nicht vorbelastet.

2. Anweisung

Der Geschäftsführer weist den beglaubigenden Notar an, die Handelsregisteranmeldung erst dann an das Registergericht weiterzuleiten, wenn ihm ein geeigneter Nachweis über die Erbringung der Bareinlage (z.B. Auszug von einem Bankkonto der GmbH in Gründung) vorgelegt worden ist. Der Nachweis soll zusammen mit der Handelsregisteranmeldung an das Registergericht übersandt werden.

IV.

Inländische Geschäftsanschrift der Gesellschaft

Die Geschäftsanschrift der Gesellschaft lautet: *** GmbH, *** Straße, *** (PLZ), *** (Ort),

Deutschland.

V.

Inländischer Empfangsbevollmächtigter der Gesellschaft

Variante 1

Ein Empfangsbevollmächtigter der Gesellschaft wurde nicht bestellt.

Variante 2

Zum inländischen Empfangsbevollmächtigten der Gesellschaft wurde Herr/Frau ***, ***

Straße, Nr. ***, *** (PLZ), *** (Ort), Deutschland, bestellt.

VI.

Anlagen

Als Anlagen sind dieser Handelsregisteranmeldung beigefügt:

• beglaubigte Abschrift des Musterprotokolls über die Gründung der Gesellschaft, dass auch als Gesellschafterliste gilt,

• Nachweis über die Einzahlung der Bareinlage,

• *** Nachweis über die schriftliche Belehrung des Geschäftsführers

über die unbeschränkte Auskunftspflicht gegenüber dem Registergericht.

VII.

Vollmacht

*** bevollmächtigt hiermit *** und ***, jeweils einzeln und unter Befreiung von den Beschränkungen des § 181 BGB sämtliche zum Vollzug der heutigen Urkunde notwendigen oder zweckdienlichen Erklärungen abzugeben und entgegenzunehmen. Die Vollmacht berechtigt insbesondere auch dazu, Handelsregisteranmeldungen beliebigen Inhalts vorzunehmen.

Die Vollmacht erlischt mit der Eintragung der Gesellschaft im Handelsregister.

VIII.

Hinweise und Erläuterungen

Der Notar/Die Notarin hat die heutige Handelsregisteranmeldung mit dem Geschäftsführer ausführlich besprochen.

*** Der Notar/Die Notarin hat den Geschäftsführer insbesondere auch auf folgendes hingewiesen

(Die nachstehenden Hinweise sind selbstverständlich nur als unverbindliche

Anregungen zu verstehen und rechtlich unter keinen Umständen notwendig.):

a) Bar- und Sacheinlagen: Bareinlagen können grundsätzlich nur durch Banküberweisung erfüllt werden, nicht auch durch Aufrechnung oder Verrechnung mit Forderungen gegen die Gesellschaft. Forderungen gegen die Gesellschaft können vielmehr nur im Wege der Sacheinlage eingebracht werden. Dies gilt auch für Gesellschafterdarlehen. Sacheinlagen sind bei einer Unternehmergesellschaft (haftungsbeschränkt) aber gesetzlich ausgeschlossen. Eine Bareinlageverpflichtung kann auch nicht durch eine verdeckte Sacheinlage erfüllt werden. Eine solche liegt vor, wenn zwar formal eine Bareinlage vereinbart und geleistet wird, die Gesellschaft bei wirtschaftlicher Betrachtung aber gleichwohl eine Sache erhält.

b) Verbot von Voreinzahlungen: Zahlungen auf Bareinlagen, die vor dem heutigen Tag der Beurkundung des Gesellschaftsvertrages erfolgt sind, haben grundsätzlich keine Erfüllungswirkung.

c) Hin- und Herzahlen: Leistungen an Gesellschafter, die wirtschaftlich einer Rückzahlung der Einlage entsprechen, sind in der Handelsregisteranmeldung anzugeben. Gleiches gilt für die Vereinbarung einer solchen Leistung. Der Geschäftsführer erklärt, dass eine solche Leistung weder erfolgt noch vereinbart ist.

d) Kapitalaufbringung: Die vereinbarten Stammeinlagen müssen sich bei Anmeldung

der Gesellschaft endgültig in der freien und uneingeschränkten Verfügung der Geschäftsführer der Gesellschaft befinden und dürfen - mit Ausnahme der in der Satzung ausdrücklich übernommenen Gründungskosten - nicht durch Verbindlichkeiten vorbelastet sein. Das Registergericht ist berechtigt, die entsprechenden Versicherungen der Geschäftsführer zu überprüfen und von den Beteiligten die Vorlage geeigneter Nachweise verlangen.

e) Gründungshaftung: Die Geschäftsführer haften der Gesellschaft als Gesamtschuldner auf Schadensersatz, wenn zum Zwecke der Errichtung der Gesellschaft falsche Angaben gemacht werden.

f) Falsche Angaben oder Versicherungen: Falsche Angaben zum Zwecke der Eintragung der Gesellschaft und falsche Versicherungen sind strafbar und können mit Freiheitsstrafe von bis zu drei Jahren oder Geldstrafe geahndet werden.

g) Gesetzliche Rücklage: In der Bilanz der Unternehmergesellschaft (haftungsbeschränkt) ist jedes Jahr zwingend eine gesetzliche Rücklage zu bilden, in die ein Viertel des (um einen Verlustvortrag geminderten) Jahresüberschusses einzustellen ist. Die Rücklage ist zweckgebunden und darf nur für eine Kapitalerhöhung aus Gesellschaftsmitteln, zum Ausgleich eines Jahresfehlbetrags (soweit er nicht durch einen Gewinnvortrag aus dem Vorjahr gedeckt ist) oder um Ausgleich eines Verlustvortrags aus dem Vorjahr (soweit er nicht durch einen Jahresüberschuss gedeckt ist) verwendet werden. Die Verpflichtung zur Bildung der Rücklage ist weder zeitlich noch der Höhe nach beschränkt. Ein Verstoß gegen die Verpflichtung zur Bildung der gesetzlichen Rücklage führt dazu, dass die Feststellung des Jahresabschlusses und der Beschluss über die Gewinnverwendung nichtig ist. Gleichwohl ausgeschüttete Gewinne sind von den Gesellschaftern an die Gesellschaft zurückzubezahlen. Die Geschäftsführer haften für einen etwaigen Schaden unter Umständen persönlich.

h) Gesellschafterversammlung: Die Gesellschafterversammlung ist immer einzuberufen, wenn es im Interesse der Gesellschaft erforderlich erscheint. Die Gesellschafterversammlung muss insbesondere bei drohender Zahlungsunfähigkeit der Gesellschaft unverzüglich einberufen werden.

i) Gesellschafterliste: Die Geschäftsführer haben unverzüglich nach Wirksamwerden jeder Veränderung in den Personen der Gesellschafter oder des Umfangs ihrer Beteiligung eine von ihnen unterschriebene Liste der Gesellschafter zum Handelsregister einzureichen.

j) Insolvenzverschleppung: Bei Zahlungsunfähigkeit oder Überschuldung der Gesellschaft haben die Geschäftsführer unverzüglich, spätestens aber innerhalb von drei Wochen Insolvenzantrag zu stellen. Wer vorsätzlich oder fahrlässig einen Insolvenzantrag nicht, nicht richtig oder nicht rechtzeitig stellt, macht sich strafbar.

IX.

Kosten und Abschriften

1. Kosten

Die Kosten dieser Urkunde trägt die Gesellschaft.

2. Abschriften

Von dieser Urkunde erhalten jeweils eine beglaubigte Abschrift:

• der Gesellschafter,

• die Gesellschaft,

• der Steuerberater der Gesellschaft,

(Anschrift: ***),

• das Amtsgericht *** (Registergericht).

Das Original der Handelsregisteranmeldung ist in der Urkundensammlung des amtierenden

Notars zu verwahren.

Um Vollzugsmitteilung an den beglaubigenden Notar wird gebeten.

Der Gesellschaft ist nach Eintragung ein vollständiger und beglaubigter Handelsregisterauszug

auf deren Kosten zu übersenden.

***, den ***.2009

....

(Unterschrift des Geschäftsführers

mit öffentlicher Beglaubigung der Unterschrift)

5.4 Muster- Liste der Gesellschafter UG (haftungsbeschränkt)

der Firma _Firmenname_mit dem Sitz in _Ort_

Hinweis: Hier wieder Bezeichnung gemäß § 1 des Gesellschaftsvertrages sowie Ortsangabe gemäß § 2 des Gesellschaftsvertrages angeben.

mit den Nennbeträgen der übernommenen Geschäftsanteile

Nummer des Geschäftsanteils	Nachname, Vorname, Geburtsdatum, Wohnort	Nennbetrag in €
1		
2		
3		

Hinweis: Werden weniger als drei Geschäftsanteile übernommen, sind die überzähligen Zeilen zu streichen. Die Anteile sind fortlaufend mit arabischen Ziffern zu nummerieren. Jeder Eintrag besteht aus den Daten jedes Gesellschafters sowie dem Nennbetrag des vom betreffenden Gesellschafter gemäß § 3 des Gesellschaftsvertrages übernommenen Geschäftsanteils.

Ort, den _Datum_
Geschäftsführer

Hinweis: Ort und Datum der Unterzeichnung der Gesellschafterliste angeben. Die Liste ist von dem Geschäftsführer zu unterzeichnen.

Literaturverzeichnis

Bücher:

Achilles, Wilhelm-Albrecht / Ensthaler, Jürgen / Schmidt, Burkhard — Kommentar zum GmbH-Gesetz, Luchterhand Verlag, München, 2005.

Arndt, Hans-Wolfgang — Europarecht, 8. Auflage; C.F. Müller Verlag, Stuttgart, 2006.

Ars Legis (Hrsg.) — Das Recht der Kapitalgesellschaften in Europa, 20 Staaten im Überblick, Economica Verlag, Heidelberg; 2007.

Basler, Heinrich / Bokelmann, Gunther / Piorreck, Karl Friedrich — Die GmbH; 13. Auflage; Berlin 2005.

Birk, Dieter — Steuerrecht, 10. neu bearbeitete und erweiterte Auflage, C.F. Müller Verlag, Heidelberg, 2007.

Birle, Jürgen P. — Praxishandbuch der GmbH, Gesellschafts- und Steuerrecht, NWB Verlag, Herne/Berlin, 2007.

Bornhofen, Manfred — Steuerlehre 2, 28. Auflage; Gabler Verlag; Wiesbaden, 2008.

Brandmüller, Gerhard — Der GmbH-Geschäftsführer im Gesellschafts-Steuer-, und Sozialversicherungsrecht, 15. Auflage, Stollfuß Verlag, Bonn, 2003.

Degenhardt, Klaus	Die Limited in Deutschland; CT Salzwasser Verlag, Bremen, 2006.
Dieterler, Willi K. / Eicke Winkler	Unternehmensgründung, Handbuch des Gründungsmanagement, Vahlen Verlag, München, 1990.
Eckard, Bernd / Van Zwoll, Christiane	Der Geschäftsführer der GmbH, Kohlhammerverlag, Stuttgart, 2004.
Eilers, Stephan / Rödding, Adalbert / Schmalenbach, Dirk	Unternehmensfinanzierung, Gesellschaftsrecht Steuerrecht Rechnungslegung, C.H. Beck Verlag, München, 2008.
Fritz, Daniel F./Hermann, Ottmar	Die Private Limited Company in Deutschland, ZAP Verlag, Münster, 2008.
Grobhäuser, Uwe / Maier, Walter / Kies, Dieter	Besteuerung der Gesellschaften, Schäffer-Poeschel Verlag, Stuttgart, 2005.
Grunewald, Barbara	Gesellschaftsrecht, 5. Auflage, Mohr Siebeck Verlag, Tübingen, 2002.
Gündel, Matthias / Katzorke, Björn	GmbH-Reform 2008 (MoMiG), HDS Verlag, Weil im Schönbuch, 2008.
Haack, Hans-Jörg / Nave, José C.	Die neue GmbH, Vergleich GmbH-Limited nach dem MoMiG, NWB Verlag, Herne / Berlin, 2008.

Habersack, Mathias — Europäisches Gesellschaftsrecht, 3. Auflage, C.H. Beck Verlag, München, 2006.

Hakenberg, Waltraud — Europarecht; 4. Auflage, Vahlen Verlag München 2007.

Hilpert, Christian — Englische Ltd. und deutsche GmbH, Haftungsprivileg und Haftungsdurchgriff im Vergleich, Nomos Verlag, Baden-Baden, 2007.

Just, Clemens — Die englische Limited in der Praxis, 3. Auflage, Verlag C.H. Beck, München, 2008.

Just, Clemens — Englisches Gesellschaftsrecht, Companies Act - Limited Liability Partnerships Act, C.H. Beck Verlag, München, 2008.

Jüttner, Andreas — Gesellschaftsrecht und Niederlassungsfreiheit, Verlag Recht und Wirtschaft, Frankfurt a.M., 2005.

Lehner, Hans — Limited oder GmbH, Eine Analyse unter Beachtung der Reform im englischen und deutschen Gesellschaftsrecht, VDM Verlag Dr. Müller, Saarbrücken, 2007.

Luke, Joachim — Die U.K. Limited, rechtliche Grundlagen und praktische Hilfen, Boorberg Verlag, Stuttgart, 2005.

Priester, Hans-Joachim (Hrsg.) — Münchener Handbuch des Gesellschaftsrechts, Band 3, Gesellschaft mit beschränkter Haftung, C.H. Beck Verlag, München, 2003.

Pulte, Peter — Das deutsche Arbeitsrecht, Kompaktwissen für die Praxis, 2. Aufl., Luchterhandverlag, München, 2006.

Raiser, Thomas / Veil, Rüdiger — Recht der Kapitalgesellschaften, Ein Handbuch für Praxis und Wissenschaft, Vahlen Verlag, München, 2006.

Rindisbacher, Sabine — Annerkennung Gesellschaftsrechtlicher Gebilde im internationalen Privatrecht, Peter Lang Verlag, Bern, 1996.

Römermann, Volker (Hrsg.) — Private Limited Company in Deutschland, Praxis-Leitfaden für Berater und Unternehmer, Stollfuß Verlag, Bonn 2006.

Römermann, Volker (Hrsg.) — Münchener Anwaltshandbuch zum Gesellschaftsrecht, 2. Auflage, C.H. Beck Verlag, München 2009.

Schmidt, Karsten/ Uhlenbruck, Wilhelm — Die GmbH in Krise, Sanierung und Insolvenz, Otto Schmidt Verlag Köln, 2003.

Schmidt, Karsten	Handelsrecht, 5. Auflage, C. Heymanns Verlag, Köln, 2004.
Schreiber, Ulrich	Besteuerung der Unternehmen, Eine Einführung in Steuerrecht und Steuerwirkung, 2. überarbeitete Auflage, Springer Verlag, Berlin, 2007.
Schwerdtfeger, Armin	Kompaktkommentar Gesellschaftsrecht, Luchterhand Verlag, Neuwied, 2007.
Segner, Klaus/ Matuszok, Thomas	Limited oder Mini-GmbH?, Haufe Verlag, München, 2008.
Silberberg, Michael / Schwendmann, Jürgen	Vorteile der englischen Limited, Bundesanzeiger Verlag, Köln 2007.
Stehler, Heinz / Leuz, Norbert	Die GmbH als Unternehmungsform, Ihre Gestaltung für mittelständische Betriebe, 12. Aufl., Schäffer / Poeschel Verlag, Stuttgart, 2007.
Tillmann, Bert / Mohr, Randolf	GmbH-Geschäftsführer, Rechts- und Steuerberatung Vertragsgestaltung, 8. Auflage, Dr. Otto Schmidt Verlag, Köln, 2003.
Tillmann, Bert / Winter, Willi	Die GmbH im Gesellschafts- und Steuerrecht, 4. neu bearbeitetet Auflage, Dr. Otto Schmidt Verlag, Köln, 2004.

Triebel, Volker / von Hase, Karl / Melerski, Peter	Die Limited in Deutschland, Leitfaden für die Unternehmens- und Beratungspraxis, Verlag Recht und Wirtschaft , Frankfurt a.M., 2006.
Ulmer, Peter / Mathias, Habersack / Winter, Martin	GmbHG Großkommentar, Band III, Mohr-Siebeck Verlag, Tübingen, 2008.
Volb, Helmut	Die Limited, Gesellschaftsrechtliche Unternehmenspraxis, NWB Verlag, Herne/Berlin, 2007.
Wachter / Thomas (Hrsg.)	Handbuch des Fachanwalts für Handels- und Gesellschaftsrecht, ZAP Verlag, Münster, 2007.
Wehrheim, Michael	Grundzüge der Unternehmensbesteuerung, 2. Auflage, Vahlen Verlag, München, 2008.
Wicke, Hartmut	Gesetz betreffend die Gesellschaft mit beschränkter Haftung (GmbHG) Kommentar, C.H. Beck Verlag, München, 2008.
Wöhe, Günther	Einführung in die Allgemeine Betriebswirtschaftslehre, 23. Auflage, Vahlen Verlag, München, 2008.

Aufsätze:

- Apfelbaum, Sebastian; Reform der deutschen GmbH: Gläubigerschutz, Kapitalschutz, und Seriositätsprüfung ohne Mindestkapital?- Rechtspolitische Entwicklungen bei Unternehmensformen mit beschränkter Haftung in Deutschland und in Europa; JMBI. LSA 2006, 317.
- Bäuml, Swen; Die Ausstrahlungswirkung des MoMiG auf das Steuerrecht; in GmbH Rundschau Sonderheft; Oktober 2008.
- Bittmann, Folker/ Gruber, Urs: Limited- Insolvenzantragspflicht gem. § 15 a InsO: Europarechtlich unwirksam?; in GmbH Rundschau 2008; Heft 16; S. 867-873.
- Campos Nave, José: Die Liberalisierung der Wegzugsfreiheit in Europa, in Betriebsberater 2008; Heft 27; S.1410-1414.
- Dierksmeier, Jochen: Die englische Ltd. in Deutschland- Haftungsrisiko für Berater; in Betriebsberater 2005; S. 1516-1522.
- Drygala, Tim; in EWiR 2006; 25,26
- Fichtelmann, Helmar; Die Rechtsstellung des Geschäftsführers der GmbH in der Insolvenz der Gesellschaft; GmbH Rundschau 2008; S. 76.
- Fuhrmann, Claas: Auswirkungen des MoMiG auf die Steuerrechtliche Beratungspraxis, Bestandsaufnahme und Handlungsempfehlungen, in NWB 2008; Heft Nr. 40; S. 3745-3756.
- Grütters, Jochen: Limited auf dem Vormarsch- Serien-Reinfälle nicht ausgeschlossen; in Betriebs Berater 2005; S. 1523.
- Haack, Hans-Jörg; GmbH-Gründung nach dem MoMiG; Neue Erleichterungen und Haftungsgefahren; NWB; Nr.40; S. 3763.

- Happ, Wilhelm/ Holler, Lorenz: “Limited“ statt GmbH- Risiken und Kosten werden gern verschwiegen; in: DStR 2004; S. 730-734.
- Heckschen, Heribert: Die GmbH-Reform- Wege und Irrwege; in DStR 2007; Heft 33; S. 1442-1451.
- Junker, Abo: Sechsundsiebzig verweht- Die deutsche Mitbestimmung endet in Europa; in NJW 2004; S. 728.
- Klose-Mokroß, Lydia: Die Eintragung der Zweigniederlassung einer englischen private company limited in das Handelsregister; in DStR 2005; S. 971ff.
- Knof, Bela/ Mock, Sebastian: Das MoMiG und die Auslandsinsolvenz haftungsbeschränkter Gesellschaften- Herausforderung oder Sisyphismus des modernen Gesetzgebers?; in GmbH Rundschau 2007; Heft 16; S.852-858.
- Leuering, Dieter; Die Unternehmergesellschaft als Alternative zur Limited; in NJW 2007; Heft 7; S. 316.
- Leuering, Dieter: von Scheinauslandsgesellschaften hin zu „Gesellschaften mit Migrationshintergrund“; in ZRP 2008; Heft 3; S. 73-77.
- Lüdemann, Volker; GmbH vs. Limited- Zur Reform des deutschem GmbH-Rechts; in Humboldt Forum Recht 2008; Heft 2.
- Peters; Verlegung des tatsächlichen Verwaltungssitzes der GmbH ins Ausland; in GmbHR; 2008; S.245.
- Rotte, Manfred: Folgewirkung des MoMiG auf die GmbH in der Krise- Konsequenzen für den Gläubiger- und Kapitalschutz; in NWB 2008; S. 3775-3782.
- Schmidt, Karsten: Haftung und Rechtsverhältnisse im Gründungsstadium einer „deutschen“ Limited, in RIW; S. 827ff.

- Steffek, Felix: Geschäftsleiterpflichten im englischen Kapitalgesellschaftsrecht- Kodifizierung der directors´duties im Companies Act 2006; GmbH Rundschau 2007; Heft 15. S. 810-815.
- Torwegge, Christoph: UK Company Law Reform Bill- Think Small First!; in GmbH Rundschau 2006; Heft 17; S. 919-923.
- Wachter, Thomas: Gründung einer GmbH nach MoMiG; in GmbH Rundschau Sonderheft; Oktober 2008.
- Wachter, Thomas: Die neue Unternehmergesellschaft (haftungsbeschränkt); in GmbH Rundschau Sonderheft; Oktober 2008.
- Wachter, Thomas: Die Ausstrahlung des MoMiG auf das Steuerrecht; in GmbH Rundschau Sonderheft; Oktober 2008.
- Wachter, Thomas: Zweigniederlassung englischer Limited Companies im deutschen Handelsregister; in ZNotP 2005; S. 124ff.
- Wachter, Thomas: Deutsche GmbH vs. Englische private limited company; in BB 2006; S. 1463.
- Wachter, Thomas: Deutsche GmbH vs. Englische private limited company; in GmbH Rundschau 2004; S. 88-91.
- Westhoff, André: Die Verbreitung der englischen Limited mit Verwaltungssitz in Deutschland; in GmbH Rundschau 2007; Heft 9; S. 474-480.
- Zimmer, Daniel: Nach „Inspire Art“ Grenzenlose Gestaltungsfreiheit für deutsche Unternehmen?; in NJW 2003; S.3584.
- Zöllner, Wolfgang; Konkurrenz für inländische Kapitalgesellschaften durch ausländische Rechtsträger, insbesondere durch die englische Private Limited Company; in GmbH Rundschau 2006; Heft 1; S.1-12.

Urteile:

Europäischer Gerichtshof:

- EuGH vom 09.03.1999 (Centros) – C – 212/07, EGHE-1999-1459
- EuGH vom 05.11.2002 (Überseering) –C – 208/00, EGHE-2002-9919
- EuGH vom 30.09.2003 (Inspire Art) – C – 167/01, EGHE-2003-10155
- EuGH vom 27.09.1988 (Daily Mail Ltd.) –C- 81/87, EGHE-
- EuGH vom 11.03.2004 (Hughes de Lasteyrie du Saillant)- C-9/02, EGHE
- EuGH vom 13.12.2005 (Sevic Systems AG) – C – 411/03 , EG-HE

Bundesgerichtshof:

- BGH vom 17.09.2001- II ZR 178/99
- BGH vom 01.07.2002 - IIZR 380/00
- BGH vom 13.03.2003 – VII ZR 370/98
- BGH vom 14.03.2005 - II ZR 5/03
- BGH vom 14.11.2005 – II ZR 178/03
- BGH vom 16.06.2007 - II ZR 3/04

Bundesfinanzhof:

- BFH vom 14.10.1992 BStBl II 1993

Bundestags und Bundesrats Drucksachen:

- BT-Drucks. 16/6140
- BT-Drucks. 16/283
- BR- Drucks. 354/07

Stichwortverzeichnis

Pulte

Das deutsche Arbeitsrecht

Kompaktwissen für die Praxis

In erster Linie will das Arbeitsrecht die Rechtsbeziehungen zwischen Arbeitgeber und Arbeitnehmer - den Parteien des Arbeitsrechts - und deren Organisationen und Interessenvertretern regeln. Darüber hinaus dient es dem besonderen Schutz aller in abhängiger Tätigkeit stehender Personen. Im Vordergrund des Arbeitslebens steht der Mensch mit seiner persönlichen Arbeitsleistung.

Der Titel vermittelt kompakt und übersichtlich die vielseitigen Facetten des Arbeitsrechts. Von der Einstellung über die Durchführung bis zur Beendigung des Arbeitsverhältnisses werden alle Aspekte dargestellt, die in einem Arbeitsleben auftreten können. Aber auch die kollektivrechtliche Seite Betriebsverfassung, Tarifordnung, Streikrecht, das Arbeitsschutzrecht und das arbeitsgerichtliche Verfahren sind in die Darstellung aufgenommen worden.

Das Buch aus der Reihe „Kompaktwissen für die Praxis“ bietet sich somit sowohl zum Studium als auch für die praktische Orientierung als ein bedeutsames Hilfsmittel an.

ISBN 978-3-941388-00-0 Preis der Printausgabe: 19,80 €

Bontrup, Hansen

Personalmanagement

Kompaktwissen für die Praxis

Das Buch Personalmanagement ist eine Aufsatzsammlung von prominenten WissenschaftlerInnen und PraktikerInnen.

Neben Fragen der Personalplanung und des Personal- controllings werden das Problemfeld der Führung im Unternehmen sowie die Theorie und Praxis aktueller Manage- mentkonzepte zur Modernisierung der Arbeitsorganisation angesprochen. Weitere Aufsätze beschäftigen sich mit einem internationalen Vergleich der Arbeitszeitorganisation im Betrieb und mit der theoretischen Analyse des Arbeitsentgeltes in Form eines volks- und betriebswirtschaftlichen Diskurses.

Den Abschluss des Buches bildet ein Beitrag zur Unternehmenskultur, Partizipation und Mitbestimmung.

Die vorgelegte Aufsatzsammlung eignet sich sowohl für Studierende der Wirtschaftswissenschaft mit den Schwer- punkten Arbeitsökonomie und Personalbetriebswirtschafts- lehre als auch für Praktiker im Bereich des Personal- management sowie für unternehmerische und betriebliche Mitbestimmungsträger.

ISBN 978-3-941388-17-8 Preis der Printausgabe: 19,80 €

www.vprm.de